光尘
LUXOPUS

逆向求解的
生命哲学

自在
人生

[丹麦]
斯文·布林克曼
(Svend Brinkmann)
———— 著

金嘉欣
———— 译

中信出版集团 | 北京

图书在版编目（CIP）数据

自在人生 /（丹）斯文·布林克曼著；金嘉欣译
. —北京：中信出版社，2022.11
ISBN 978-7-5217-4808-6

Ⅰ. ①自… Ⅱ. ①斯… ②金… Ⅲ. ①人生哲学－通
俗读物 Ⅳ. ① B821-49

中国版本图书馆 CIP 数据核字（2022）第 180315 号

自在人生
著者：[丹麦] 斯文·布林克曼
译者：金嘉欣
出版发行：中信出版集团股份有限公司
（北京市朝阳区惠新东街甲 4 号富盛大厦 2 座　邮编　100029）
承印者：三河市中晟雅豪印务有限公司

开本：880mm×1230mm　1/32　　印张：6.75　字数：98 千字
版次：2022 年 11 月第 1 版　　印次：2022 年 11 月第 1 次印刷
京权图字：01-2022-5674　　　　书号：ISBN 978-7-5217-4808-6
定价：49.00 元

真正的快乐源于节制。

——约翰·沃尔夫冈·冯·歌德

目录

推荐序　一锅北欧风味儿的"反励志"

喻颖正　公众号"孤独大脑"作者、未来春藤创始人

一

地球上最聪明的人，内心其实也很脆弱吗？

当"幸福课"和"人生设计课"分别成为哈佛大学和斯坦福大学最受欢迎的两门课程，人们似乎没有表现出应有的意外：

为什么这些堪称最幸福一代的年轻人，居然一本正经地在课堂上学习如何获得幸福？
为什么硅谷那些正在改变世界的家伙，却需要别人来指导他们如何设计自己的人生？

显然，"自我发展"已是一门被广为接受的"显学"，"幸福产业"也被看上去幸福或不幸福人群普遍接受。

"成功人士"不仅过着耀眼夺目的生活，而且更自制、更懂得心理建设，甚至更加积极地终身学习；"名媛"们不仅学历高长得美嫁得好，还比普通人更一丝不苟，更注重内心，更善良美好。

于是，普通人原本就有的自我愧疚，再次被逼到了一个角落——

"大多数人根本没有发展到拼智商的程度，甚至连基本的积极性和行动力都远远不够。"

接下来，一个庞大的产业群应运而生。人们被告知，其实每个人都可以实现自己的梦想，只要你追随自己的内心，积极向上，足够努力，一切皆有可能，每件事都能转化为幸福。

励志类书籍成为图书领域最大的品类之一，各种自我发展的课程和培训班络绎不绝，人们将自我疗愈、沟通表达、认知拓展等方面的花销视为回报率最高的人生投资，并坚信付出就有回报，积极必有奖励。

这时候，有一个叫斯文·布林克曼的丹麦人站了出来，他左手擎着一根长矛，刺向"励志邪说"和"积极的暴政"，右手则举着一个盾牌，上面镌刻着"北欧幸福哲学"与"斯多葛主义"。

二

"清醒"哲学系列——《清醒》《生命的立场》《自在人生》三本书读起来很过瘾，作者温和而犀利，毫不留情地揭穿了"认知工具化"的谎言，并试图将现代人从"没有尽头的幸福跑步机"上拯救下来。

没错，"成功人士"和"幸福产业"合谋，制造了这样一种错觉：你过得不够好，是因为你不仅先天不够聪明，而且后天还不够积极努力。他们掩藏了自己的"运气"，设计了自己的"奇迹"，将自己中彩票式的幸运包装为可以复制的成功，他们甚至忘记了《了不起的盖茨比》里的忠告：

"你就记住，这个世界上所有的人，并不是个个都有过你拥有的那些优越条件。"

我在翻看斯文·布林克曼的这三本书时，看到作者尖刻而有趣的对"过度励志"的解构，甚至对"内省"和"发现自我"提出怀疑，不禁会有"我早就受够这些胡说八道的鸡汤了"的感慨。

作者的学术背景令这套书既有吐槽的快乐，又有洞察的深度。他并非只破坏不建设，而是试图求索幸福与成功的源头，并且给出自己的一套体系。他调侃自己的书也会被放上励志类书架，所以也在书中条理分明地列出"怎么做"的步骤。

没错，这是一系列值得推荐的"反励志"的励志书，一种反传统的成功学，一个与数字化时代"流动的现代性"逆向求解的幸福主义。

三

工具并非不好，只是我们很难找出一个简单的锤子来代替自己那个肉乎乎的大脑。就像赚快钱没什么不好，只是快钱很难赚到而已。

路德维希·伯尔纳说过："摆脱一次幻觉比发现一个真理更能使人明智。"就这一点而言，"清醒"哲学系列这三本书做得非常好。

在这个实用主义的年代，人们追求工具化、目的化、即时化，试图以此获得某种虚妄的确定感。然而，恰恰因为"只计利害，不问是非"，导致碎片化、即时满足和只顾表象。

哪怕只讲世俗的"成功"，一个人的发财和成名也大多是价值与运气杂交的结果。就价值而言，需要播种、生根、耕耘，以及漫长的守候。

作者没有只停留在这个层面，而是更深一步，和亚里士多德一起去探寻幸福的本质。没错，即使是用纯粹数字化的 AI（人工智能）决策来看，也需要一个估值函数来计算概率优势。定义幸福的本质能够帮助人们建立一个评价系统，由此可以更有全局观，在某种意义上也更容易"成功"。

也许，这才是幸福和成功的第一性原理吧。

四

我必须承认，这套书对我自己很有帮助。

和每个身处当下这个不确定世界的人一样，我也对现实充满了困惑。我刚刚离开家，经历漫长的跨洋飞行，为自己的二次创业而奔波。很巧，有个叫 Dan 的丹麦人，正在为我在温哥华的房子设计后院的树屋和连廊。可我却要离开长满鲜花、结满山楂果的花园，去应对一系列悬而未决的挑战。不管我多么积极向上，也会在深夜里问自己："这是为什么呢？"

作者引用克尔恺郭尔的哲学解答了我的难题：所谓心灵的纯粹，是为了"善"本身而求善向善，此外的不确定性，又或是投入与产出之间的不对称性，其实并不重要。

在克尔恺郭尔看来，爱是一种能力，付出就是拥有，付出之后，被爱的对象是否再爱回来已经不重要了。

有句话说，"我消灭你，与你无关"，也许应该换成"我爱你，与你无关"。

我喜欢书中老太太和玫瑰花的故事，因为我也种了许多玫瑰。你对花的专注和情感将与其合二为一，意义只能是过程，而非掌控或者占有。

进而，我突然意识到，假如我们的命运像扔骰子，结果只能呈现出其中的一面。可是，如果将这个过程视为可逆的，也就是说，假如我们的专注能够实现与时间的合二为一，那么我们命运的所谓"单一现实结果"，会逆向绽放为有许多种可能性的烟花。

克尔恺郭尔曾经说过：不懂得绝望的人不会有希望。

我相信，这套书里有你想要的希望。

"你值得拥有。"经典的化妆品广告宣称道。"想做就做。"世界某著名体育用品公司恳切呼吁。我们源源不断地接受刺激与鼓动，要尽可能去享受更丰富、更持久、更多元的体验。庆幸的是，我们没有真的按这些广告宣传去做事，但这些口号无疑反映出了一种文化，它长期熏陶着我们的观念，鼓吹"尽可能多，尽可能快"。是啊，为什么不这样做呢？既然我们可以选择，为什么要退缩？是时间和金钱的原因吗？ 20 世纪 90 年代，英国摇滚乐队皇后乐队（Queen）唱着"I want it all, and I want it now"（我什么都要，现在就要）。从那时起，歌曲颂扬的"想要更多"的追求与欲望就成了现代文化的主旋律。

而乐队主唱佛莱迪·摩克瑞①的经历似乎也昭示着：人生苦短，及时行乐。很多人都是这么想的：我们不能将就妥协！"我想拥有一切"已经成为一种世俗理想，我们必须申旦达夕，脚步不辍，决不能浪费当下这一刻。"carpe diem"（拉丁语，意为"活在当下"）已经成为最常见的文身词句之一；"人生只有一次"（You Only Live Once）的首字母缩略词 YOLO 在社交媒体上被广泛使用（误用）。我们彼此劝道：与其后悔你没做成某事，不如去做一件令你后悔的事；最糟糕的情况就是与某人某事永远错过。于是我们总在不停地刷新手机状态、足球比分、特价优惠等，只要是我们感兴趣的就绝不能错过。描述这一现象的流行缩略语 FOMO（Fear of Missing Out，错失恐惧症）也随之诞生。但一个人要单独搞定这么多东西可不容易，所以我们需要帮助。在亚马逊网站上输入"如何事半功倍"，你能搜到超过两千本书，比如《事半功倍：养成好习惯，继续前行》（Get More Done in Less Time — And Get On With the Good Stuff）；一个诸如"做

---

① 佛莱迪·摩克瑞，英国男歌手、音乐家，皇后乐队主唱。摩克瑞以高亢璀璨的音色与戏剧化的表演方式著称。他才华卓越，后因艾滋病引发的肺炎去世，年仅45岁。——译者注

到更多"的简单搜索居然显示超过13 000次点击,内容从《如何做得更多更好:提高生产效益的实用指南》(*Do More Better: A Practical Guide to Productivity*)到《高效时间管理:如何平衡工作生活并达成目标》(*Do More in Less Time: How You Can Achieve Your Goals and Live a Balanced Life*),不一而足。但如果你搜索的是与"少做点"相关的书籍,数量则寥寥可数,更别提那些教你少做点,但多花时间精益求精的书了——在这个压力巨大的时代,放慢节奏,遵从内心去钻研自己真正喜欢做的事情不正是我们最应该学习的吗?

问题是如何在这个充满选择与诱惑的世界里保持专注?毕竟劝诱无处不在:从街头广告到社交媒体,我们遭受着不间断的信息轰炸——"多去尝试、思考、体验、购买、消费吧!"然而我们的注意力是有限的。随着信息源的增多,注意力的分配竞争会变得愈加激烈。当信息铺天盖地而来时,我们很难分辨出当中真正的价值所在。我们尝试"上网冲浪"(20世纪90年代的流行语),然而这股巨大的信息浪潮往往会呼啸着吞没冲浪者。我们拼命挣扎，也只能勉强将头部露出海面。现实是，我们生活中的大部分时间都花在训练自身以各种方式尽可能多地增加体验上。快速放贷、特价优惠等吸睛广告释放着巨大诱惑。面对喜欢的电视连续剧、友好便利的点播流媒体服务，这些都让我们情不自禁地"再看一集"。人类这一物种基于邀请、诱惑、选择权和特价优惠等特征在社会上圈出了一方生态位，也创造了一种文化景观，但我们很少实践自我节制的艺术，勇敢地对这些华而不实的噱头说"不"——不仅个人，整个社会都缺乏这样的能力。正因如此，我才要写作这本书，向大家倡导张弛有度和适当舍弃的价值。

长期以来，我们的生活建立在过度消费、不设限的增长以及对自然资源的贪婪蚕食上，因此学会自我节制就变得十分必要。我将在正文中讨论这个主题。我们可以而且应当探讨由人类挑起的这场危机的确切细节，并且分辨出构成人类存在性意义的思想纲领。历史的教训历历在目，很多时候，人类都是在自作自受。本书正是基于这一事实提出预警：不要在过度的追求中走向反噬与自我毁灭。

张弛有度，学会舍弃——这不是什么反叛主流的生态乌托邦思想，而是传统哲学思想的主要支柱之一，可以追溯到古希腊。在当时，"节制"（希腊语为 sophrosyne）就已被认定为一种核心美德——换言之，它是任何道德活动的必要组成部分。古希腊人认为，只有掌握了舍弃的艺术，并在所有事情中贯彻张弛有度的原则，才能展现出其他诸如勇敢（而非鲁莽）、慷慨（而非过分慷慨）等美德。如果我们"什么都想要"，那就不可能在某个特定领域实现专长，从道德层面上说也是如此。同样，要想过上充实丰裕、精彩绚烂的生活，一定程度上的自我管理和自我控制是必不可少的——当然，这不是受虐狂式的自我鞭笞，也不是当一名苦行僧，或是进行病态节食，这些从本质上讲都没有价值，而是把它当作我们尽力做到最好的先决条件，作为我们碰巧成为的个体，在我们碰巧所处的环境中，肩负我们碰巧应尽的责任。

现代心理学通常是基于自制力的实施来探讨张弛有度和

严于律己，这种方法很重要。但在本书中，心理学层面的探讨只是数个相关维度中的其中一个。我将从这些维度中的五个维度出发，提出本书各章的总体论点。

首先，我将由政治维度出发，从集体层面来概述学会妥协的基本理由。地球的总体资源是有限的，但人口数量却在不断增长。近几十年来，各国间发展不平衡的问题已愈发显现。如果我们想让尽可能多的人（最好是全人类）实现可持续发展，就得学会自我节制的艺术，尤其是先进发达国家。

其次，我会从人类存在的意义层面论证。索伦·克尔恺郭尔用他略显煽情的文字写道，远离尘嚣并保持专注无外乎心灵的纯粹——"心灵的纯粹就是只想专注于一件事"。而诗人皮特·海恩 [①] 则颂扬存在性反思（existential reflection），这意味着我们不应过分贪婪，想要拥有一切，而要把注意力集中在某一特定领域，以丰富生命的

---

① 皮特·海恩，丹麦著名科学家、物理学家、数学家、发明家、设计师及诗人，其创造的超椭圆成为现代斯堪的纳维亚建筑的标志。——译者注

质感，而非活成无所寄托的虚妄。

接着，我会从道德伦理层面来进一步论述观点。道德伦理探讨的是我们与他人的关系，而这一章的基本观点是，只有我们愿意舍弃，以便所舍之物能为真正需要它的人所用，才能履行我们作为人类的义务。此处，经典的美德观——"节制"变得尤为相关，因为它是构成人类伦理生活的关键部分。

然后，便是心理学维度，这一章实际上是探讨如何进行自我控制的问题，以及解释在当前纸醉金迷、诱惑众多的消费社会中，拥有自制力变得愈发困难的原因。人类的精神生活似乎总是伴随着悲剧的一面，这个现象有时被戏称为"享乐跑步机"（Hedonic Treadmill）：一旦我们实现了为之奋斗的目标，相应成果的吸引力就会很快消失，我们就会变得习以为常、不以为然；紧接着，我们又会制定下一个目标，并投入奋斗。如此循环反复。这种对成就感与幸福感的追求只有在心脏停止跳动的那一刻才会真正结束。我们得到的越多，想要的就越多。

现实中的例子数不胜数，有时或许你也会感到奇怪，为何有些人明明已经富可敌国，却还要做一个工作狂，为金钱利益呕心沥血，至死方休？我们能打破这个恶性循环吗？

最后，我会援引美学的观点来论述舍弃的艺术。简约至美——这是艺术和科学普遍赞誉的经典理念，也许它也同样适用于生活方式呢？我认为，活得简单点儿，把精力和资源节省下来投入更重要的活动，更能彰显生活的美学价值。在本章中，我尝试着提出更多的具体方法帮助读者实践自我节制的艺术。"顺应时势，张弛有度"——这值得成为一生的追求。

总而言之，这五个维度的论证将表明，自我节制的艺术不仅具有政治上的迫切性，还能彰显道德潜力、心理效益以及美学价值，并让人类的存在变得更加深刻隽永。当然，这几个维度并不能代表节制艺术的全部优点，读者可以继续挖掘。同时，在诸如人类存在性、心理、政治以及道德层面上的探讨并非泾渭分明，彼此无关，因此各章之间也会出现内容的部分重叠，但读者也可以把每一章作为独立章节进行阅读。我不期望读者会同意我的所有观点，但是如果你能从阅读中得到些许收获，我将会很欣慰。有些读者可能会认可心理学维度的探讨而反对政治层面的结论，有些读者则可能恰好相反。我的目标是通过对生活各个方面的分析来表明，"舍弃"本质上比大多数人想象的要更具有价值与意义。我们都可以学会专注与舍弃——与其在意那些细枝末节的琐碎小事，不如把宝贵的时间留给更重要的人和事。人类学家哈里·沃尔科特就曾建议他的博士生"贵少而精"。[1]也许大部分人都应该听从这个建议——不是仅在做研究之时，而是终其一生地贯彻运用。要做到这一点，我们就要有潜心笃志的勇气与决心，敢于舍弃。

第一章

可持续发展的社会

在我还是一名初出茅庐的年轻研究员时，我协助校订的第一本书给了我很大启发。那本书抨击了当下社会对个体发展的苛刻要求，并且指出这种要求有逐渐向个人生活各方面蔓延的趋势。我后续的大部分研究工作都是围绕这个立意展开的：我们身处野蛮扩张的发展文化中，它无处不在，无孔不入，鼓吹持续发展与进步。像我们在工作或教研场合中遇到的诸如对灵活性、可适应性、接受变革的意愿等数不胜数的要求，都是发展文化的表现。[1]

近年来已有很多人意识到这个问题，并对此提出批判，但我们仍要警惕：发展文化的要求是永无止境的。事实上，较之以往，要承认某人或某事已经足够优秀变得更难了。我们每个人身上都背负着沉重的期望：学海无边涯，进步无止境，我们应永不停歇，终身学习。没有人敢在绩效评估会上和老板说自己已经到达职业生涯的巅峰，没法做得更好了。政治改革也是如此，改革永远在路上，却从未呈现一个最终成品。20世纪90年代，菲利普·塞尔尼提出了"竞争型国家"（the competition state）的概念。在该理论体系下，现代国家本质上将自己视作企业，参与全球化市场竞争。而欧文·卡什·彼泽森也在其关于竞争型国家的作品中提及"永不止歇的变革"（never-ending reforms），并描述了自20世纪70年代以来公共部门的发展状况，它们都经历了数轮政治体系、政府职能及人员需求的变革重组。[2] 想想最近发生在许多西方国家的关于学校、大学和社会福利保障制度等方面的改革，你会发现，对技能提升和优化的要求是一种常态，且没有止境，从逻辑上分析这会导致现实困境：没有人想一上来就把事情做得完美，因为我们都知道，接下来只会被要求做得更多，做得更好。所有行为都会受到监控、量化和评估，以推动教育和工作中的"可视化学习"。在我们的"学习型组织"中，所有的进步都必须清晰可见，以激励每个人"做得更好"。

发展文化对持续进步的追求是没有止境的：一方面，你永远无法满足它的要求——就像每次你一接近罚球区，门柱都会移动；另一方面，它鼓动我们要在生活的每一个领域都实现优化与发展。在工作上，你不仅要专业过硬，还要实现个人发展；在教育领域，孩子们不仅要在课堂上表现良好，还要健康活泼、富有创造力、精通音律，并且擅长运动。发展文化缺乏边界感，不仅表现在时间维度上（历史学家称之为历时性），也表现在空间维度上（共时性）。在任一给定的时间点上，它的影响力渗透到生活的各个方面，而且没有制动系统，只会载着人类在失控的道路上狂奔不返。这不仅会损害我们的个人福祉（这是我的《清醒》一书的主题之一），而且从整体层面上说也是不可持续的。

诚然，人类迫切需要讨论可持续发展的问题，并对当下这个消费社会的种种弊端做出变革，但事实上很多人已经对这个概念感到厌烦。我很能理解这种感受。某天，我猛地醒觉：可持续发展难道不就是一个漂亮的口号吗？我们喜欢给所有的东西都贴上可持续发展的标签，但有时这没有任何意义。从最简单的字面意思出发，可持续发展不过是一种生活方式：不要挥霍、浪费或耗尽自然资源，至少保证后代能和我们一样平等地享受当前的资源红利。这一点应该成为人类的常识，而不是不切实际的幻想。但人类真的有能力构建一个可持续发展的社会吗？一切是否为时已晚？许多科学家认为，我们正处于地质时代中的"人类世"（Anthropocene，源于希腊语中的 antropos，意指人类），人类对地球的影响力已经等同于地壳板块运动或火山爆发，而且会导致全球灾难性后果。

2011 年，一篇向丹麦公众介绍人类世相关概念的文章提到，农业时代的能源消耗是狩猎采集时代的 3 到 4 倍，而工业时代的能源消耗又是农业时代的 4 到 5 倍。[3] 地球人口也从 1800 年的大约 10 亿增长到目前的 75 亿。同一时期，能源消耗增加了 40 倍，而产量增长了 50 倍。相应后果显而易见：大气中的二氧化碳浓度更高，全球变暖，极端天气事件增加。虽说人类发动的战争不在少数，但因气候异常变化而流离失所的人数（气候难民）已达到战争难民的两倍之多。人类活动也对生物的多样性造成了负面影响，全球将近三分之二的动物物种是在最近45年灭绝的。[4]可持续发展很可能已经成为一句漂亮的口号。这话虽然刺耳，但是在理。有不少科学家甚至悲观地断言：一切为时已晚，地球已经过了临界点，我们已无力将这颗行星从气候的异常变化中拯救出来。在不远的未来，人类将面临多重可怕的灾难。[5]那将会是我们野蛮扩张的发展文化迎来的终局吗？

现在就下结论未免过早，但即便是这种骇人听闻的末日言论都未能引起人们对可持续发展的足够重视。人们将这些关怀自然的科学家斥责为"博人眼球、营销末日观的骗子"，"又想为他们的新研究寻求资金支持了"。有些人则表现得无动于衷：既然末日无可避免，那还不如抓住人类最后的黄昏时刻，尽情地挥霍享乐。这种态度不免让人想起《泰坦尼克号》——在海水涌入船舱时，管弦乐队继续演奏，乘客不停地喝酒跳舞，直至一切沉入海底。当然，我写这本书并不是为了宣扬恐惧，而是想为个人和社会呈现出另一种值得向往的选择：一种适度的、有一定边界感的、可持续的生活方式——它即便简单，却也庄重体面。如前文所述，现在亟须破除数个世纪以来一直占据主导地位的"多点、多点、再多点"的思维模式（其实反对这种贪婪的声音一直存在），因为从伦理学或心理学角度分析，人类若继续放任欲望膨胀而不进行自我节制，将无异于自戕。值得欣慰的是，现在已经有不少人加入"反贪婪，有节制"的阵营，提出无论是在自然生态层面，还是在地缘政治层面，都应秉承可持续发展的原则。

气候变化并不是造成近些年全球危机的唯一原因。很多人认为，正是资本主义脱离监管后彻底失控，才导致全球范围内发展不平衡，恐惧和不满蔓延，争端和冲突不断等结果。诚然，资本主义经济的发展会带来利好，比如近几十年来，绝对赤贫的人口数量持续下降，人们的生活水平和受教育水平有所提高，婴儿死亡率也在降低。但不幸的是，资本主义的弊端也随之涌现，许多国家的贫富差距正在急速扩大——众所周知，世界上最富有的那1%的人口掌握的财富，比余下99%的人口的财富总和还要多；世界富豪榜排名前8位的大亨拥有的资产，是世界半数贫困人口的资产总和。[6] 现在看来，不仅各国之间的经济发展状况在加速失衡，同一国家内不同地区之间的贫富差距也在加剧扩大。持不同政见的社会科学家们从多方面分析了社会财富分配严重不均的后果。统计学证据表明，贫富差距的扩大与疾病和犯罪成正比，与社会流动性和科技创新成反比——至少威尔金森和皮克特研究的 OECD[①] 成员国呈现出了上述规律［相关数据可以参阅两人合著的争议之书《公平之怒》(*The Spirit Level*)[7]］。两位学者提出的主要观点是，经济上的平等会惠及每个个体。当社会相对平等时，即使是最富裕的阶层，其生活质量也能得到改善，如更为长寿健康，并承受更小的压力等。可持续发展的社会（包括经济平等的社会），应当是一个所有社会群体都有获得感和成就感的社会，但这并不意味着平均主义。比如让每个人都拥有相同的财富或能够消费相同的金额——只有极权主

---

① OECD (Organization for Economic Co-operation and Development)，经济合作与发展组织，是由 38 个市场经济国家组成的政府间国际经济组织，旨在共同应对全球化带来的经济、社会和政府治理等方面的挑战，并把握全球化带来的机遇。该组织成立于 1961 年，总部设在巴黎。——译者注

义的意识形态才会试图寻求这种噩梦般的分配方式。事实上，处于极权统治下的人们往往缺乏赚取财富的动力和自由。但是研究也确切表明，正是贫富差距的日益扩大导致了诸多社会问题。因此，我们需要谨慎地处理这个问题。分析人士普遍同意这一点。如 OECD 秘书长何塞·安赫尔·古里亚最近就提出警告：飞速拉开的贫富差距使人类逼近社会崩溃的"临界点"，其潜在影响类似于气候变化。[8]而一旦任由贫富差距和全球变暖发展到一定程度，方向就很难（尽管不是不可能）改变，因为多米诺效应开始显现，很多内部因素也会持续相互作用。就连 OECD 也承认，更为均衡地分配经济发展成果将惠及全人类，包括富豪。

那么，是什么导致了全球气候危机和日益扩大的贫富差距呢？答案是多方面的综合因素，毕竟历史的进程不可能只靠单一引擎推动。我们也可以很轻易地将矛头指向资本主义，但资本主义实际上是一个相当笼统的概念。即便是同样实行资本主义制度的国家，也可能采用不同的社会发展模式。资本主义在长期的潜移默化中已经腐蚀了我们的思维和行为模式，我们很难走出这个框架，且对它进行客观的评价。那么，我们就只能逆来顺受吗？也不一定，因为近年来变化已经发生。卡尔·马克思认为，科学技术的进步是社会发展的关键推动力。记者保罗·梅森在畅销书《后资本主义》（*Postcapitalism*）[9]中也描述了在历史进程中，科技进步是如何推动经济发展进而逐步瓦解我们所了解的资本主义制度的。首先，他认为，新的（数字化）科技减少了对劳动力的需求，这表现为机器化和自动化的不断发展，虽然这个过程还处于起步阶段；其次，数字化科技带来了丰富的虚拟产品，而市场还难以调节其价格（因为传统的市场价格机制是基于资源的稀缺性，但数字世界并不缺乏诸如信息、音乐和网络文学等资源）；再者，作为合作生产方式兴起的见证者，我们看到共享经济相对于传统行业的巨大优势（维基百科的兴起就使得传统的百科全书变得过时）。[10]

但问题是，假设后资本主义继续存在，甚至永远存续，社会加速（social acceleration）是否仍可作为其中一种显著的历史推动力存在呢？社会学家哈特穆特·罗萨给出了肯定的答案。他在分析社会加速的基础上设计了一个全新的现代性理论。[11] 简言之，该理论认为，几乎所有事物——包括社会进程和各种人类活动——都存在加速的趋势，但人类的休闲时间却没有相应增加。于是，我们需要不断地开发新技术、进行新实践来帮助我们完成更多的工作，然后社会继续加速螺旋式上升。从工业革命开始，社会发展就呈现这样一个规律。问题是现代社会基于的"更难，更好，更快，更强"（蠢朋克乐队[①] 就发过同名大热单曲 *Harder Better Faster Stronger*，他们将自己的声音特殊处理后发出类似机器人般的声音），以及"多点，多点，再多点"的概念是线性的，缺乏自我检查和平衡的能力。人类用以约束工业时代过度发展的文化制动装置几乎失灵，我们曾经珍视的适可而止和延迟满足的品质也不复存在。

---

① 蠢朋克乐队（Daft Punk），法国电子音乐制作乐队，成员为托马斯·本高特和盖－马努尔·德霍曼－克里斯托。*Harder Better Faster Stronger* 的 2007 年现场版获得了第 51 届格莱美奖最佳舞曲录制奖，副歌部分反复出现歌词：Work It Harder. Make It Better. Do It Faster. Makes Us Stronger.——译者注

从工业经济过渡到知识经济，并伴随着消费型社会的兴起，社会的根本经济制度发生了巨大变化，公民的思维模式和精神状态也随之转型。社会学家齐格蒙特·鲍曼[①]就在他的多本著作中这样形容道："社会经历了从敦本笃行的务实文化到虚浮的信用卡文化的转变。前者崇尚勤俭节约和延迟满足，并以藏书为乐；后者鼓动人们'追求梦想'，在自己可承受的范围之外超前消费。"鲍曼还把消费社会的现代性比喻成"液体"，而个人必须具备像液体般的流动性才能跟上社会的步伐。[12]这是问题的症结所在，也是全人类面临的挑战——整个社会都在追求"拥有更多，尝试更多，体验更多，消费更多"，你如何独善其身，不随波逐流？[13]毕竟正是这些要素促进了经济的增长，维持了发展车轮的转动——政治家们都喜欢这么说。你要做一个贪得无厌的超级消费者，这样才算是一个好公民。这是多么讽刺！曾经的好公民应当是勤俭节约、认真尽责的，他们懂得张弛有度，克己复

---

① 齐格蒙特·鲍曼，已故英国利兹大学和波兰华沙大学社会学教授。著有《流动的现代性》《现代性与大屠杀》《现代性与矛盾性》等。——译者注

礼；现在的好公民则要全情投入，不知满足和界限为何物，打破头也要力争上游，永不停歇。你不能满足现状，否则就没有动力继续前进——在消费型社会中，在贪得无厌的经济制度里，知足不是一种美德，而是陋习。对现状感到焦虑已然变得司空见惯，在这个绩效为王的社会里，我们总是下意识地自问：我做得够好了吗？别人会怎么想我？[14]但是我想借助本书传递一个信息：不要焦虑，不要恐惧，从这场快消的狂欢中抽身，学会舍弃，这样会帮助你平和心境，感恩和珍惜当下的自身所有。

我认为，要应对诸如全球变暖和全球性发展不平衡的现实挑战，人类必须要有更大的决心学会妥协与放弃，学会知足。否则，建立起一个能与自然和谐相处，人与人之间团结协作，社会财富分配相对平等的可持续发展社会，便是痴人说梦。

有人可能会嗤笑：你居住在世界上最富有、最安全的地区之一，过着相对丰裕的生活，提出这个观点，不觉得傲慢、伪善吗？你享受着发展中国家无法企及的福利，却劝说大家学会凑合、妥协，不是一种明显的精英特权阶层的论调吗？这个反对意见非常合理。我相信，只有解决好这个问题，我们才能进一步携手合作。

精英主义陷阱

精英主义陷阱指的是富人和特权阶层从自己感知的角度和自身的需求出发，居高临下地评判他人的现状和选择。例如，他们会指责穷人不吃有机食品（因为他们觉得使用农药会污染环境），或者给自己的孩子吃含有人工添加剂的食品。问题是，如果有选择，谁不想吃得更健康，并且给孩子最好的条件呢？但是这些都需要资源的堆砌，富人可以轻易做到，但穷人呢？他们手头拮据，只求三餐温饱，自然买不起更贵的有机食品；他们为生计奔波劳碌，根本没有时间和精力去研究什么食品配料表、"旧石器时代饮食主义"①、最佳膳食搭配等并以"正确"的方式购买食材。要知道，那些吃有机饲料、自由放养的鸡卖出的价格要比激素催熟的鸡贵得多。国家之间也存在类似的问题。像丹麦这样的富裕国家可以通过将工业生产外包给其他国家，或者在碳市场上买入二氧化碳配额来轻易（至少不难）地实现减排目标。当我们的物质已极大丰富时，提倡一种简单节俭的生活方式会很有益处。但对于发展中的经济体而言，我们享受了几十年的高福利待遇和高质量生活，是他们拼尽全力却仍难望项背的梦想。所以他们不想被发达国家强迫削减生产开支，压抑本国追求物质丰富的雄心或者限制二氧化碳的排放量。对此我们应予以理解。

我之所以将政治层面的讨论置于人类存在性、道德伦理、心理效益和美学价值之前，是因为如果我们要避免落入

---

① 旧石器时代饮食（Stone Age Diet）是由美国健康学家洛伦·科丹教授提出的一种健康生活方式。他认为现代人应该像穴居人那样吃东西（以肉食为主，不吃粮食，不喝牛奶；没有烹调，全面生食）、运动，这样才能保持身体健康。——译者注

精英主义陷阱，那么从政治层面去剖析探讨就显得非常重要。当然这里的"政治"不仅是指党派政治。"政治"这一概念源于希腊语中的"城市"（polis），原意是"与集体生活有关的东西"，也是我在这里想表达的"政治"的含义。换言之，如果你做出的决定会影响到集体的所有成员，那从根本上说就是与政治有关。本书接下来的章节将会探讨个人如何找到"舍弃"的价值，但在本章，从集体层面（乃至国家层面）入手，对这些议题进行深入剖析也同样重要，因为很多关键决策都是在集体层面做出的。如果我们想让国内每个人都买得起有机鸡肉，就可以做出政治决策对有机食品进行限价；如果我们想减少二氧化碳的排放量，就可以通过对燃料征税来限制汽油消费；如果我们的民选代表认为社会的高度平等是一个极具价值的目标，那么实施累进税制就该被提上议程。比起让富人上缴更多税金（如果他们愿意），或者让"政治消费者"个人减少廉价航班的飞行，大多数人往往更喜欢这些具体的、能落到实处的措施。

同样，我们应当基于政治层面去讨论可持续发展议题，包括我们希望社会朝哪个方向发展，自然和环境的最大承受范围在哪里等。当然，个人能自愿进行垃圾分类这很好，但不可否认，从集体层面（尤其是在民主的监督下）采取措施效果最好也最有效，这样选民可以通过民主机制对垃圾回收系统的持续改进施加影响。社会问题应该从政治层面解决（即由政府出面），而不应将责任下移到个人；同样，私人问题属于个人责任，也不应受到政府干预（事实上如何区分公共事务和个人事务是一个重要的政治话题）。这也是"可持续发展"和"贫富分化"两个议题的内在相关之处：在贫富两极分化的社会中，本该由集体层面解决的问题（比如可持续发展）愈发下沉到个人肩膀，真正的矛盾被掩盖转移，而责任也渐趋归咎于社会个体——这就是社会问题的私人化（individualization of social problems）。例如，尽管是国家的原因导致失业率居高不下，但是个人却被指责缺乏找工作的动力（这是原因之一），而更深层次的原因可能是就业的结构性短缺。在这种情况下，正如社会学家乌尔里希·贝克①批判的那样：指望个人为"社会的系统性矛盾"提出"独立的解决方案"是不公平的。[15]贝克提出了"风险社会"（risk society）理论，该理论认为现代社会内生出的不确定性后果正由公民个人来尝试应对和解决。诚然，生活中存在很多风险和不确定性因素，所以人类要共同应对地震、洪水、干旱等自然灾害。但突然之间，现代化开始了，并带来了一系列影响——工业化、科技化、城市化、理性化，这时的主要风险（污染、人口过剩、气候变化等）就变成了社会行为的内源性产物。曾经，人类面临的主要威胁是自然力量；现在，人类自作自受，导致了这些问题，因而也必须由人类这个物种——作为整体——从问题产生的社会层面去解决。在人类世，新技术带来了新问题和新风险，对此我们却寻求研发更多的新技术来予以解决，这本身就是悖论。我们能否成功地创造出一种新型的"绿色科技"来拯救这个浪费成瘾的社会，这还有待观察。但与此同时，除了

① 乌尔里希·贝克，德国著名社会学家，慕尼黑大学和伦敦政治经济学院社会学教授。贝克被认为是当代西方社会学界最具影响力的思想家之一。——译者注

被动地期望未来技术带领人类走出困境，我们还可以做得更多。比如集体从传统美德中重新挖掘诸如勤俭节约、张弛有度的品质，掌握舍弃的艺术，并借此抵销社会加速及其带来的破坏性影响。

清心寡欲，知足常乐

在接下来的章节中，我会探讨清心寡欲和知足常乐的价值。但对于习惯从成本效益分析和最优化角度思考的现代人来说，这几乎是一种亵渎。你可能会想：生活不应该是充分利用一切可用的资源，在尽可能多元的环境中获取最大利益吗？不一定。不仅在我们的日常生活中，在政治生态中，有时适当的"让步"和"吃亏"并不是什么坏事。政治哲学家罗伯特·古丁在他发人深省的著作《安定》（*On Settling*）中提到：在国家或团体之间发生冲突（包括战争）后，获胜的一方常会获得赔偿。但历史和政治研究表明，如果获胜方能够接受少于自己原本应得的赔偿金额，那么持久和平的可能性就越大。最明显的例子就是第一次世界大战后，获胜的协约国一方几乎不留余地地对战败的德国提出了巨额赔款要求 [16]——尽管这种对德国报复式的打击产生的历史影响尚未有定论（反事实 ① 历史写作是出了名的困难），但是强有力的证据表明，由打击制裁引发的德国内外交困的窘境，为希特勒和纳粹的上台铺平了道路，从而间接地引爆了第二次世界大战，并带来了巨大的人为灾难和人间悲剧。"一战"结束后不久，经济学家约翰·梅纳德·凯恩斯就警告人们：巨额赔款将导致"迦太基式和平"——该词

---

① 反事实思维（Counterfactual Thinking），是对过去已经发生的事件，在事后进行判断和决策的一种心理模拟（mental simulation）。通常是在头脑中对已经发生的事件进行否定，然后再现原本可能发生但现实并未发生的心理活动，其典型句式为："如果当时……，就会（不会）……。"——译者注

源于罗马人在第二次布匿战争^①后对迦太基人赶尽杀绝的暴行。如果我们能从历史中吸取教训，也试想如果协约国在 1918 年获胜后没有表现得那么冷酷和贪婪，那结果会不会有所不同。

凡事留人情，日后好相见。古代哲学家将这种宽宏大量的处事方法称作"梅奥内夏"（Meionexia^②）。大多数政治思想家都认为，战后的规范目标不是盲目报复，而是公正地结束战争（jus post bellum^③），这时"梅奥内夏"就显得很关键了。[17] 这一美德要求人具有成熟豁达的心智，以及懂得适可而止的分寸感。如果你想得到的东西在力所能及的范围内，你就很难舍弃它。政治学家本杰

① 第二次布匿战争（the Second Punic War），迦太基在第一次布匿战争失败后，因失去地中海的西西里岛，开始向欧洲西部的伊比利亚半岛发展。罗马警告汉尼拔不可穿过埃布罗河。汉尼拔无视此警告，继续向东北进军。罗马令迦太基交出汉尼拔受审，被迦太基拒绝。于是，罗马向迦太基宣战。这次战争是三次布匿战争中最长也是最有名的一场战争，最后以罗马的胜利宣告结束。——译者注

② 意即 demanding less，即知足常乐，不要要求太多。最早由胡果·格劳秀斯提出并运用于国际外交艺术。——译者注

③ 拉丁语，意即 a just end to war，公正地结束战争。——译者注

明·巴伯①在《蚕食》(*Consumed*)一书中痛斥了消费社会的种种弊端。在他看来，当今时代心智成熟的优点变得可遇不可求[18]，这是因为消费社会使人类变得越发幼稚。还记得本书前言中提及的广告语吗？它呼吁我们要去拥有一切，而且现在就要拥有！巴伯向我们展现了资本主义的发展历程：初期它只是围绕产品和商品的生产着力提高效率和可靠性，但到了后期——也就是现代的消费资本主义，它开始发掘需求和欲望。诚然，人们总是存在需求，但在过去经济发展一直致力于满足需求，而现在重点变成了创造需求。很多公司的广告预算已经超过了他们投入产品生产的成本——整部社会机器已经上好发条，不停地对我们进行洗脑：你现在拥有的不是最新的，也不是最智能的，所以它一点儿也不好。我们的欲望像个无底洞，贪婪地渴求更多的东西：新的、我

---

① 本杰明·巴伯，美国著名政治理论家、社会运动思想家，著有《圣战分子对决麦当劳：全球主义与部落主义正在改变世界》(*Jihad vs. McWorld: How Globalism and Tribalism are Reshaping the World*, 1995)，该书提出的概念框架（即全球化与守旧、反动的社会力量的犬牙交错）几乎已化作某种常识性的智慧，以润物细无声的方式指引着公众在相关问题上的思考。——译者注

没有的，我都要。我们大部分人都有过这种体验：我向往一部新车，甚至对它垂涎到痴迷的地步，但是当真正买下它时，便觉得好像也不过如此。于是，新车变成了新的"生活常态"，我发现我又想要一部别款的新车了。这种尴尬而幼稚的行为在当下突然变得合情合理，而曾经的陋习居然变成了美德——因为消费社会希望我们像孩子一样"什么都想要"。我觉得在此处使用"孩子气"一词对孩子而言并不公平，因为有证据表明，孩子们实际上是最慷慨的，他们对公平和公正有着强烈的感知能力和意识。

简约生活？不完全是

这些年来，在物质商品消费和人际关系处理方面都表现得恣意放纵的快消心态受到广泛批评，各种替代方案也相应出现。大约在 10 到 15 年前，"简约生活"（Simple Living）的概念非常流行，描写这种现象的畅销书被翻译成多种语言出版，甚至还掀起了一场"简约生活"的社会运动。可是当我用谷歌搜索"简约生活"时，大多数热门链接跳转到的是那些精美的斯堪的纳维亚家具和室内设计的网站。[①] 单从图片上看，要过上简约生活可不是

① 斯堪的纳维亚风格泛指北欧各国的家居风格。——译者注

一般的昂贵！所以，简约生活的概念保质期很短，大概是因为它主要针对富裕阶层——他们没有经济压力，可以过得简单舒适；他们有时间冥想，可以获得内心的平静。但是对大多数人而言，这不是一个现实可行的选择，因为他们有账单要付，还要准备自带的午餐。[19]

哲学家杰尔姆·西格尔在分析"简约生活"运动时得出结论：这场社会运动不过是个人主义的狂欢，并迅速退化成纯粹的励志自助（参见市面上极其风靡又鱼龙混杂的各类励志书籍）。[20]虽然它没有削弱简约概念中的积极内核，但只停留在教你"如何做"的比较肤浅的层面：如它为特权阶层提供了追求幸福的手段，却没有带来社会层面的启发和教育意义，也缺乏对基本价值观的深入思考——也就成了没有任何哲学内涵的生活哲学。西格尔（有意思的是，他曾在美国众议院预算委员会工作）在著作《优雅的简约》（*Graceful Simplicity*）中试图为一种更为简约和可持续的生活方式构建经济和政治基础。在他看来，这是对亚里士多德精神的回溯和继承，也是对当代经济思想的否定和反抗。亚里士多德在两千年前就提出了一个基本问题：经济发展的目的是什么？答案不是给人类提供越来越多的东西，而是解放人类，让他们经济无忧，过上幸福生活。因此，如果不先弄明白什么是构成幸福生活的要素，讨论经济就毫无意义。许多经济学家会为此争论道，幸福的生活在于充分实现个人的期望与偏好，而不管它们是什么。但西格尔认为，按照亚里士多德的观点，我们可以以理性的方式，尤其是基于正确的道德价值观去判断偏好的合理性。其实，大多数人都存在一些不可取的偏好：要么不符合道德规范，要么不具有可持续性。很多人想变得尽可能富有，但亚里士多德认为，金钱不是万能的，过多的财富反而会分散人们的注意力，使其难以分辨生活中的真正价值所在。此后也出现了不少提倡简约节俭的思想流派，其代表人物是 19 世纪的哲学家亨利·戴维·梭罗 [1]，他指出：人类要过好生活其实需要的并不多，但他们还是屈从于无尽

---

[1]　亨利·戴维·梭罗，美国作家、哲学家，超验主义代表人物。他在距离康科德两英里的瓦尔登湖畔隐居两年，自耕自食，体验简朴和接近自然的生活，以此为题材写成的长篇散文《瓦尔登湖》（1854），被公认为美国文学中最受读者欢迎的非虚构作品，被称为自然随笔的创始者。——译者注

的辛劳。

西格尔为简化生活提出了一系列具体建议。除此之外，他认为要远离消费社会的喧嚣从而实现内心的发展，其中一个方法就是让工作的内在价值成为经济的中心和焦点。如果我们能从事一些很有意义的工作，那么工作本身就是一种回报和奖励——这表明我们应从充实的高质量工作中获得满足。然而很多人都觉得自己没有一份有意义的工作。2015 年英国的一项研究表明：尽管有 50% 的受访者认为自己的工作还是重要的，但有 37% 的受访者表示他们的工作没有对世界做出有意义的贡献。[21] 不难想象，如果你觉得自己的工作没有意义，甚至没有这份工作世界将会变得更美好，那么你必然会厌恶它，疏远它。

信奉无政府主义的人类学家戴维·格雷伯认为世界上遍布着"狗屁工作"，它们不具备任何有益的社会功能[22]，其质量价值也不值一提，人们只会关注它的数量价值——我到底能赚多少钱？但如果我们能明晓生活的内涵与意义，就可以专注于此进行奋斗，从而忽略那些无关紧要的琐事。²³但问题是我们很少有机会对此进行深入思考，因为我们没有探讨和反馈的时间。近几十年来，管理思维依靠"新公共管理"①和"精益生产"的概念驱动，将注意力从提高工作的质量转向聚焦"生产了多少""生产速度快不快""花了多少时间""要让投入的每一分钱带来更多回报"等主题。

而据西格尔的看法，对工作意义的反馈还取决于人们的闲暇时间。他将"休闲"称赞为值得学习的艺术，需要特别的自律来达成。休闲不一定是漫无目的的，在他人的陪同下沉浸于一种仪式化的习惯或实践里，也是一种休闲的方式。例如，作为犹太人的西格尔，就主张将安息日作为社区环境中的一种有组织、有纪律的休闲方式。

---

① 新公共管理（New Public Management），该理论诞生于 20 世纪 80 年代，当时西方国家的政府管理相继出现严重危机，传统科层体制的公共行政已不能适应迅速发展的信息时代。新公共管理理论主张在政府公共部门采用私营部门成功的管理方法和竞争机制，重视公共服务的效率，强调自上而下的统治性权力和自下而上的自治性权利交互，强调政府与公民社会协商合作，进行低成本运作。——译者注

仪式性的互动有利于形成集体的共同聚焦议题，并为成员提供一个合理的避难所。在这里，人们可以放松身心，思考除工作以外的问题。仪式可以由宗教团体来主持，在社区中心、成人大学，甚至在家庭成员的日常互动中开展。在本书的最后一章我会提到，建立仪式性的实践非常重要，因为通常它会以一种极具美感的方式，为我们的生活构筑框架，并提供关注的焦点。这样一来，我们会更容易舍弃那些无足挂齿的琐事。

舍弃什么

坦白地说，我对这些复杂问题的简要概述并没有深入分析到消费社会的不可持续性、不受约束性，以及其造成贫富分化的机制原理。我在这里只想通过简述历史和政治的发展来支持自己在以下各章中对自我节制艺术的论证（包括其对人类存在性意义、道德潜力、心理效益和美学价值的重要作用）。我想告诉读者：学会舍弃，活得张弛有度，是积极有益的，它并没有你想象的那么难。

从某种意义上说，学会舍弃也是简约生活运动的要点。

但这场运动已被证明过于倾向精英主义和个人主义化，而且没有明确指出我们应当舍弃的对象。这种"简约生活"事实上一点儿也不简约，因为它需要当事人拥有相当可观的财富资源。如果我们想从集体层面来探讨整个社会应当舍弃什么，就得依靠民主机制。我们应当认识到，每一个个体都需要依赖集体生活，个体和集体是相互依存的，不应专断地割裂两者的联系。例如，像丹麦这样的发达国家，相较于其他国家而言更具备保障生活基本福利的能力，这就意味着丹麦公民无须为追求"更多更好"而终生奋斗。西格尔在他的著作中提到，建设一个健康美丽的城市对社会是有益的，因为这样一来居民便无须为享有权利和福利拼命赚钱。如果公民居住的社区建有漂亮的公共花园和广场，他们就会觉得拥有私人花园也没有那么迫切；如果社会提供了优质的图书馆、博物馆和完善便利的公共交通，我们就接近了亚里士多德提倡的理想社会标准。事实上，亚里士多德所处的时代已然呈现出了一个理想社会的雏形——自由的男性公民可以积极参与集体的哲学讨论，充分地享受生活，但其不足之处在于，这一切建立在对妇女和奴隶的压迫上。

西格尔还提及：阅读好书是简约生活的标志。对他而言，阅读的乐趣是家长能送给孩子的最好礼物。我深以为然，但我要补充一点，就是其他有益的活动可以作为阅读的补充，并起到相同的教化作用。此外，虽然我们可以自由地阅读，但要正确地欣赏一本书则需要读者接受过良好的教育。同理，如果我们希望孩子能够掌握舍弃的艺术，那么让他们接受良好教育是必不可少的——毕竟这不是人类与生俱来的本领。

不过，这又使得我们在政治层面陷入了两难困境：如果一开始就利用教育灌输观念，为他人决定其应当舍弃的对象，不就违背了自由民主的精神吗？每个人生来都应该具备自由选择的权利。诚然，选择的自由权体现了人权的基本价值，但它与本章讨论的合理、适度的需求相矛盾，而后者是解决可持续发展危机的必要手段。一方面，我们不应献祭个人自由以此成全一个全包全揽的保姆型国家；另一方面，我们也要认识到自由是一种积极的主动意识，不应受到他人的负面干涉——你应当拥有自由阅读、自由写作、自由计算、自由推理、自由参与民主、自由地为自己的生活（包括个人生活和集体生活）承担责任的权利。这种自由应当建立在成熟的心智，以及一定的洞察力与能力的发展基础上，不论当事人是否想要具备这种基础。同时，自由还意味着一种休戚与共的使命感（因为人类是一个命运共同体）——实际上这正是本书的核心所在：为了成全他人更为迫切的需求，为了维护全人类的利益，你愿意做出舍弃与妥协。如果没有人愿意做出任何舍弃，那么我们的生活就会变成个体之间的斗争。每个人为了实现自身利益的最大化而打得头破血流，最终胜出的只有极少数的强者，而不能实现全人类的共赢。从某种程度上说，自由与强制之间的困境是所有教育学的核心问题——我们只有被迫地接受教育，才可以借助这个工具和跳板实现真正的自由。我认为，在所有政治层面的讨论中，都应当铭记这一事实。

第二章

向善

1989 年 4 月，祖母送给我一本皮特·海恩的诗集作为坚振礼 ① 礼物。海恩是一位丹麦数学家、设计师和发明家，但他最广为人知的成就是他的二十卷短诗集《溪流》（*Grooks*），其中很多是用英文写就的。当时，祖母用绿纸将诗歌打印出来寄给海恩。我很感激这位诗人在诗稿上留下了亲笔签名后又寄了回来。虽然那时幼小的我还未能完全理解诗歌中的思想内涵，但海恩笔下的词句深深地震撼了我，如同投石入河，在我幼小的心灵里荡开了一圈圈涟漪，反复回响，伴我成长。在那之后，我学会了欣赏各类现代诗歌。也许很多人认为海恩的诗肤

① 坚振礼（Confirmation），天主教和东正教"圣事"的一种。入教者经过洗礼后，再接受主教施行的按手礼和敷油礼，谓可使"圣灵"降于其身，以坚定信仰。——译者注

浅且琐碎，但我依旧认为我钟爱的诗歌有着诸多优良品质——包括它被人诟病的简单直白，也是我欣赏的优点之一。这首诗歌名为：《你不应贪图所有》（*You shouldn't want it all*）。

你不应贪图所有，
宇宙茫茫，你不过是当中一颗尘埃。
但你这颗尘埃里却也藏着一个世界，
你要让它变得完整而充实。

人生之路各异，
你只需取一径前往，
并与它合二为一，忠诚且专注。
别的路径暂且搁置一旁，
因你总会归来。

面对烦恼，不要逃避；
就在当下，就在这里。
正是终点的存在——这有限性，

让一切变得更有价值。

这就是你活着的当下，
奋力实干，坚定臣服。
时光永远无法倒流，
你将不再归来。

作为一名对哲学感兴趣的心理学家，我受到这首诗中好几个主题的影响和启发，尤其是"有限性让一切变得更有价值"[1]的观点；我也在它体现出的"一即一切，一切即一"的哲学观中找到灵感：只有在不妄图拥有一切时，人类的自我存在才会变得充实完整。如果你什么都想要，生命就会退化到一种弥漫松散，如抟沙嚼蜡的混沌状态。神学家兼哲学家K.E. 勒斯楚普[①]在其著作《伦理的要求》

---

① K.E. 勒斯楚普，丹麦神学家兼哲学家，著有《伦理的要求》一书。该书的出版标志着丹麦道德哲学从功利主义（如果有最大数量的人从某行为中获益，那这种行为就是合理的）和康德主义（目的并不意味着手段，人类在义务内从事的一切行为在道德上都是好事）中脱离出来，传达了对人际关系的另一种理解：它假定人类之间的所有互动都涉及基本的信任，世界上并不存在基督教道德或世俗道德，只有人类道德。——译者注

（*The Ethical Demand*）中提到"成形的意愿"（the will to form）。他认为，这是生命的基本现象之一，是人性的自然本能，不仅适用于创作作品的艺术家，也适用于其他任何人——即便他看起来和艺术丝毫不沾边。[2]

要赋予生命以形式①——切实践行生活的存在艺术——只有在你愿意做出舍弃时才有可能发生。如果你选择了一种生活方式，从逻辑上分析，你就不可能再同时经历其他生活方式——你做出了舍弃。勒斯楚普认为，这不仅适用于个人生活，也适用于人际互动交往的生活。在《伦理的要求》之后，他又创作了《无形式的暴政》（*Tyranny of Formlessness*），书中谈到，当人们试图摆脱公序良俗时，无形式主义就会大行其道。传统礼节和规则秩序的约束有时会压制个人自由。有人也会质疑，为何不能随心所欲，做回真实的自己？答案是，脱离规则秩序的约束并不一定会带来自由（虽然打破过去社会对

---

① "形式"是古希腊哲学中的重要概念，与质料相对。亚里士多德认为"实体"是事物的本源，他引入"四因论"解释实体由形式（每一个事物的个别特征）和质料（事物组成材料）构成。——译者注

女性施加的桎梏确实解放了妇女，并为她们带来自由）；相反，社会学家理查德·桑内特[①]指出，它往往会剥夺（弱者的）自由，并进一步加强特权阶层的控制力和统治力。[3] 这样看来，世俗的外部约束（外部形式）实际上提供了一个可靠框架，使得每个身处其中的个人都得以自由地向他人表达意志。以此类推，为了个体能够长久地、发自内心地重视并专注于某事，就有必要追寻自我存在的意义和价值，并以此构建心灵的内部约束（内部形式）。

"心灵的纯粹就是只想要专注于一件事。"[4]——索伦·克尔恺郭尔在《不同精神的启发性谈话》（*Upbuilding Discourses in Various Spirits*，1847）中如是写道，说的大概也是这个道理。在这句名言后，克尔恺郭尔紧接着

---

① 理查德·桑内特，美国著名左派社会学家。曾任耶鲁大学讲师、布兰德斯大学助理教授、纽约大学教授，1999年起担任伦敦政治经济学院社会与文化理论教授，以及社会学与社会政策教授。著有《公共人的衰落》，全书主要探讨了公共生活和私人生活的失衡以及由此给人类生活带来的影响。桑内特在书中阐述了孤独是现代性不可避免的后果。——译者注

补充道:"如果人类能够做到只专注于一件事,那他应当求善向善。"注意,此处的后半句才是重点。试想如果残暴的独裁者和短视的理想主义者"只专注于一件事",他们的诉求未必会给社会带来益处,甚至有可能祸害他人,所以克尔恺郭尔断言:"求善向善是不二选择。如果一个人意不在此,那就说明他没有真正理解'专注'的含义。他的所谓'专注'是妄想,是错觉,是诡计,是自欺欺人。他的内心深处必然是三心二意、反复无常的。"[5] 很明显,克尔恺郭尔所指的"专注"和我们如今理解的意思有所出入。在他看来,如果你仅仅寻求实现一些具体的目标,比如复仇或者写一本畅销书,并将一生的时间奉献给这项事业,那你只是表面上专注于一件事,因为你的目标本质上就不是求善向善。为什么这么说呢?比如当你发现自己的寻仇对象实际上是无辜的,你可能会开始质疑自己渴望复仇的合理性,那么这时你专注的意愿就会分裂。专注应当是你在自由地深思熟虑后,自主决定一往无前,并愿意为相应结果承担责任的坚强意志。严格说来,只有你想要专注的这件事本质上是求善向善的,你才会毫不动摇。因为只有"善"是完整且不可分割的。作为一名有宗教信仰的思想家，克尔恺郭尔将上帝称为"善"的保证者，因而也是纯粹心灵的引路人。

因此，如果我们想要专注于一件事，就得正确地分辨何谓"善"。如果我们求善向善是"为了获得回报"——克尔恺郭尔写道，那么从根本上说，这不是我们的真实意愿。他做了个类比："如果一个男人是为了钱去爱一个女人，那他就不配被称作'情人'。毕竟他真正爱的不是这个女人，而是她的钱。"[6]专注于一件事意味着求善向善——你的出发点不是为了追求回报或是逃避惩罚——而仅仅是因为这件事的本质是"善"。"'善'其本身即回报——这是确切的事实，而且永远不会改变。没有任何事物比这件事来得更为肯定，它和'上帝的存在'一样，肯定以及确定，因为从本质上说，它们指的就是同一件事。"[7]在这里，克尔恺郭尔将"'善'其本身即回报"这个观点同上帝联系起来，并指出："善"其本身就是目的。不管我们是否同意他使用上帝的概念作为类比，但克尔恺郭尔尖锐地批评了当下盛行的"工具主义化"现象：只要我们很有可能从某件事中获得利益和回报，这件事就被视作是有价值的。[8] 这在他看来并不可取。如果每做一件事都要从中获取点儿什么，就意味着这件事不是我们发自内心的意愿，我们根本无法对此保持真正的专注，注定会朝三暮四。因为个人的动机和偏好本质上是复杂易变的，而只有"善"是持久唯一的。因此，"心灵的纯粹"要求我们学会为了"善"其本身而求善向善——只有这样，克尔恺郭尔认为，我们才不会因受制于责任的枷锁而深感压力，从而实现真正的自由：一个真正求善向善的人是如此与众不同，他通过践行"善"获得了解放，成为唯一自由的人。而那些纯粹出于对惩罚的恐惧才去求善向善的人并非真正的从善之人，因此"善"只会把他变成奴隶。[9]

作为一名心理学家，我清楚地知道，"心灵的纯粹就是只想要专注于一件事"并非经验主义下的心理观察。在现实中，那些或多或少称得上合理的欲望和心理冲动其实是由一系列正确动机和正当理由构成的（我们自己未必会意识到），确切地说，它们是一份存在性声明——反映了人类潜意识中追求的一系列理想的基本生活条件。这就是克尔恺郭尔坚持"'善'确切存在"的原因。虽然"善"具体能给人类带来多大的动力是另一个值得探讨的心理学问题，但有很多证据显示，"善"在人类的生命中具有决定性的重要意义。由戈尔维策等人编撰的《虽死犹生》(*Dying We Live*)一书整理了"二战"期间被纳粹囚禁并执行死刑的人们写给至爱的书信[10]——被囚禁的辛酸与孤独，面临死亡的恐惧与痛苦，让这些书信读来断肠。这当中有一位年轻的德国小伙，他本可以拥有一段精彩人生，但他在给父母的信中写道，自己宁愿去死，也不愿意加入党卫军，并拒绝了纳粹的入伍要求。他也因此被执行死刑。在当时极权主义统治的大环境中，大多数人很可能会为了保全性命而选择妥协苟且，但这个德国小伙不一样，他坚决不屈从于威权，因为他"向善"的意志不容亵渎，他"向善"的立场磐石不移，他宁愿舍弃生命，也要捍卫自己的人格和道德理想。这是一位真正的英雄。我们应当庆幸现实中很少会遇到像这位德国小伙面临的两难困境：生命和理想，只能择其一。但从心理学角度分析，这个选择引人深思——为什么在如此极端的情况下，有些人还是设法保持了心灵的纯粹呢？这让人不禁想起了马丁·路德[①]，他撰写了《九十五条论纲》，并批判了教皇及其利用赎罪券聚敛资财的行为。1521 年 4 月 16 日，在面对罗马教廷的审判和指责时，他说了一句名言："这就是我的立场，我只能站在这里。"（Here I stand, I cannot do otherwise.）那位反纳粹的德国年轻人和马丁·路德似乎都在内心遵从了这样一套法则：无论他们的生活将遭受何种变故，如果要继续做那个初心不改的追梦人，他们除了坚定立场，别无选择。当然，这份值得你去坚守立场的"善"之本质，是至关重要的。如前文所述，有人可能会认为自己就是在专注于一件事，但实际上这件事并不值得你专注，甚至按照克尔恺郭尔的说法，这种"专注"注定会成为相互矛盾的意愿。在《生命的立场》一书中，我就尝试阐明："善"具有其内在价值，人们"向善"不是为了实现其他目的，而是单纯出于"善"其本身的目的。而在本

---

① 马丁·路德，16 世纪欧洲宗教改革运动发起人，基督教新教创立者，德国宗教改革家，其在神学上强调因信称义，民众可以通过直接阅读《圣经》获得神启。——译者注

书中，特别是在本章中，我的观点是：从人类存在性层面分析，想要得到某样东西，就得先掌握舍弃的艺术。

你关心的事（物）

现代社会宣扬的并不是皮特·海恩"你不应贪图所有"的观点，恰恰相反，它鼓励你"什么都得要"。一个极端的例子就是闻名世界的美国心理教练托尼·罗宾斯[1]，我发现他的励志口号在永不停歇地挖掘你的潜能，从表面看这确实很吸引人。他对成功的定义是：尽管去做你想要做的事情——就在你斗志昂扬的时刻和地点，和你想

---

[1] 托尼·罗宾斯，美国励志演讲家、畅销书作家，当今世界最成功的潜能开发专家。语录有：在一个突破上实现另一个突破，你内在的力量中还存在力量等。——译者注

要携手的人一道，尽其可能地实现你的欲望和目标。[11]这听起来似乎是一种"心灵的纯粹"，因为他指出了"想要"的重要性——但事实截然相反，这个陈述没有实体形式，没有划定界限，其时空观也是无限的。（你怎么定义"尽其可能"？你的欲望和目标有尽头吗？）如果你的欲望是邪恶的，目标是反社会的呢？如果你的欲望和目标从根本上说并不值得追求呢？好吧，即便这样，按照罗宾斯的观点，因为你去做了你想要做的事情，你依然是成功的。假设你的欲望和目标经常发生改变呢？噢，那你可得马不停蹄地转移阵地（注意还要保持充沛的精力），以防错失任何一个好机会呢！克尔恺郭尔认为，"一个人只想要专注于一件事"的前提必须是"这件事的本质是'善'"——因为唯有"善"是完整且不可分割的。这个观点可以解释前例的矛盾。如果缺乏道德框架的约束，那么意愿就是随机的，完全交由个人一时兴起的欲望和偏好所决定。

凭《论扯淡》(*On Bullshit*)① 这本书而广为人知的哲学家哈里·G.法兰克福,写了一篇对现代哲学发展影响深远的文章:《我们在意的东西的重要性》(The Importance of What We Care About)**12**,并试图借其详细阐述人类存在性这一主题。他并没有聚焦于纯认识论角度(我应该怎么思考)或者纯道德角度(我应该怎么行动)展开论述,而仅是关注"人们在生活中究竟应该关心什么",究竟何物让人类的存在变得深刻。

哈里·法兰克福认为,"关心什么"这个问题与道德相关,但又不仅限于狭义的道德范畴,因为人类关心的事情种类繁多却各有不同,而且他们也不一定会专门对"关心之事(物)"逐个进行道德评估。莉丝·戈姆森医生就举过这样一个例子。她去姑息治疗病房巡查时遇到一位患有慢性疼痛病的老太太。戈姆森询问她是否有任何问

---

① 也译作《论废话》,南方朔译,由译林出版社于 2008 年出版。在这本书中,哈里·法兰克福从文化和语义上诠释"废话"的定义和特征,废话与谎言的区别及产生的原因。它像一面镜子折射出当今人们浮躁不安的心态。哈里·法兰克福凭此书成为亚马逊十大畅销书作家之一。

题或顾虑。出乎意料，最令老太太感到困扰的不是身体的疼痛，而是住院期间她没法修剪花园里的玫瑰。[13] 即便你未曾在自家花园里种过玫瑰，也应该能体会这种心情。照顾花园里的玫瑰并不是传统意义上的道德或伦理行为[14]，但对于一个投入了时间和精力的照顾者而言，这一行为无疑是极具意义的。而法兰克福认为哲学研究应当加强关注人类的情感价值，因为每个人都有自己的关心之事（物），我们的存在价值、目标、使命等可能都与之息息相关。而且，在"关心"这一情感的驱动下，我们会时常认同所关心的事物，一旦它遭遇了意外（比如说玫瑰凋零了），当事人就会因此受到极大打击而变得无助、脆弱。

在法兰克福看来，"关心"这种情感不同于单纯的欲望或渴望，这一点很关键。你可能在短时间内极度渴望一种事物，但过了一会儿便将之抛诸脑后。但对于关心之事（物），你"关心"的情感无法做到片刻剥离，更何况短暂的关怀也称不上关心。而只有这种在乎、牵挂的情感持续了足够长的时间，直至这种事物成为你的生活甚至自我认同的一部分——换言之，你达到了一种"心灵纯粹的境界"时，才可称之为真正的关心。他还强调，人类"关心之事（物）"的发展状态通常不会以主观意志为转移——如老太太会尽她所能地照顾玫瑰，给它浇水、修剪和施肥，但她不能保证花一定会开得漂亮且永不凋零。这意味着，关心某种事物注定会让你承受相关的情感风险：一旦它脱离你的掌控或者你彻底失去它，就会感到失望、悲伤甚至极度的痛苦——这就是爱的代价。反过来，你也可以有效管理这种风险从而获得情感上的解放，即坦然接受一个事实：世间有很多事情并不处于我们的掌控之中——这也是我们的道德与宗教传统中反复出现的主题。法兰克福强调，当我们借助理性与爱的力量，将自身从当局者迷的困境中抽离时，我们就达到了为人的最高境界。[15]理性与爱是全人类的光荣品质，并不独属于特定个体。通过有效地调度理性，我们可以将自身从主观主义和利己主义的牢笼中解放出来。同理，在个人和社群的关系交往中敞开心扉，秉持人间大爱，我们可以摆脱以自我为中心的傲慢与自私，并获得超越与自由。这种珍惜的能力使得人类愿意且甘心臣服（比如遇到更好的辩论你会为之折服，面对至爱你会妥协让步)，在这个过程中，生命被赋予了形式，你也会成长为一个正直善良的人。虽然风险会一直存在——比如你免不了遭遇失败（我的辩论能力比对手弱）或感到失望（也许至爱会离开），但此时我们可以再次践行"只想要专注于一件事"的原则，即向善：比起赢得辩论赛，我更崇尚真理；世界上并非所有的爱都有回应，求不得便不必强求。心灵的纯粹就是只想要专注于一件事，而不去考量你会因此获得多少回报。一旦牵扯利益与回报，就变成了一桩金钱交易，便谈不上"心灵的纯粹"。事实上，正因为此物（事）本质上值得向往追求，所以我关心、惦念、在乎，最终我的情感和专注与"关心之事（物）"合二为一，成为完整而不可分割的存在。

关于人类潜能的神话

"只想要专注于一件事"——这对人类的存在有着重要意义。克尔恺郭尔从意识到这一点时就知道，这么做必然会伴随着重大风险，甚至几乎注定要失败——这与"善"的本质无关，只是人类太容易犯错了，少有人能达到"心灵纯粹"的境界（除了像上文提及的反纳粹青年等人），且一着不慎，满盘皆输，你会因此陷入痛苦与绝望。但即便如此，它仍值得我们去冒险。就像我们完全清楚将近一半的婚姻都以离婚收场，但还是愿意迈入婚姻殿堂，对爱情许下终身承诺。又也许你和配偶生活多年，却突然发现对方不忠，甚至提出离婚——这是你专注于一段恋爱关系的固有风险，那么你会认为这些年都浪费了吗？你是否会觉得自己惨遭利用？对此，克尔恺郭尔安慰道：不是这样的。如果你在一段关系中是"向善"的，是交付真情与真心的，那么这段关系的存在意义和价值并不会因对方的背叛或离开而消失，即便你会因此感到沮丧、愤怒。爱情的道路上诱惑众多，如果弱水三千，你只取一瓢，这是忠贞勇敢的，却也让你变得脆弱。有其他选项吗？有，但结果会更糟。比如有些人想流连花丛，体验人间乐事，不想受到任何束缚与限制，因而会试图避免对人或事产生"关心与牵挂"的情感关联。但在克尔恺郭尔看来，这会导致审美绝望。他们的人生将会变成一场冗长的狩猎，缺失的情感只能靠下一次体验来补上。他们也永远都寻不到感情的圆满。我们之所以过着居无定式的生活（有人觉得这是情感世界的颠沛流离），是因为没有做到"只想要专注于一件事"，而是"想拥有一切"，这注定是一场徒劳无功的挣扎。

还有一种做法是彻底浇灭意欲之火。这类人觉得如果对特定的人或事倾注了精力和心血，一旦遭遇挫折便会落入痛苦的深渊。他们害怕失望，所以选择禁锢自己的意欲，要的越少越好。但什么都不敢要，什么都不敢争取，大概是人类能想象到的最惨淡无趣的生活状态了——永无休止地追求享乐体验的猎人至少还有过片刻欢愉和情感转移，而这些"禁欲者"一无所有。医生和心理学家认为抑郁症最主要的特征之一就是"快感缺失"（anhedonia），其症状表现为对任何事情都提不起兴趣。一小部分禁欲主义者也许真的能消灭欲望却不会因此产生病症，但对大多数人而言，欲望毕竟是一种心理激励，其缺失会使人耗尽精神能量，变得极为虚弱——这种后果，会比求而不得的遗憾和失望要严重得多。也正因如此，将欲望和追求引导到正确方向才显得尤其重要。

现代人文理念的核心在于内在，所以我们的追求应源于内在——这事关自我价值的实现和潜能的最大限度发挥。而在精神分析家亚当·菲利普斯①（少数论述过关于舍弃

---

① 亚当·菲利普斯，英国著名心理学家，世界弗洛伊德研究权威之一，《纽约客》杂志将其称为"英国最重要的心理分析作家"，著有《成为弗洛伊德》（*Becoming Freud*）。——译者注

的重要性的作家之一）看来，人类总是被自身潜力的神话所缠扰。[16] 柏拉图在《苏格拉底的申辩》（Apology）中如是写道——他的老师苏格拉底在被判处死刑时说道："我每天都会花费时间去探讨成为一位正派得体的公民意味着什么，也会研究包括自己在内的所有人的生活——相信你们也听过我对这些事务发表的论述。事实上，如果我告诉你，我觉得世界上没有比这件事更伟大、更有意义的存在了，你肯定会认为我是个骗子。但朋友啊，我要告诉你，只有敢于接受批判性的检验，我们的生活才有意义，才值得一过。"换言之，苏格拉底认为只有经得起省察的人生才有意义，否则不过是蝇营狗苟的一段庸碌时光，不值得经历。但"省察"并不是指一味地沉溺于自我的世界里钻牛角尖：不断地设想假如当初这样或者那样，现在的人生际遇是否会有所不同。相反，苏格拉底希望探讨到底什么样的品质才能够算得上一个正派得体的人，以及如何成为这样一个人。在古希腊，哲学并不是实现"个人发展"的工具，也不是实现最真实自我的工具。确切地说，哲学是探讨公平公正、美德善行的存在，它研究的是人类如何成为最好的自己。亚当·菲利普斯在他的书中重新阐述了苏格拉底的见解，并提出只有"未曾经历过的人生"（non-lived life）①才值得检验和细究。这是什么意思呢？

所谓"未曾经历过的人生"是指存在于我们的想象、艺术创作以及梦想当中的生活。菲利普斯做出预设：对人类而言，这有时甚至比现实生活更为重要。这并不是在支持不负责任的空想主义，相反，这个观点认识到，人类在想象的生活中摘下了现实里不想为却不得不为的面

---

① 这一概念出自亚当·菲利普斯的著作《缺憾：赞美未曾度过的人生》（*Missing Out: In Praise of Unlived Life*），也译作《失意人生》。该书从分析当下人类普遍存在的平行世界幻想出发，探讨了这种幻想的产生机制。这一机制由五个部分组成，分别为：挫折、不理解、侥幸得到、逃离以及满足。他指出，有时经历挫折未必是坏事，如果能学会等待而非过快使用其他暂时的替代性满足（比如消费）来对抗失落感，你也许能找到内心真正想要的东西。人生的最佳选择，是能在期待与得到、幻想与真实之间达到平衡。——译者注

具，充分释放内心最为强烈的渴求与欲望。存在主义[①]者声称个体的存在是由他所采取的行为界定的，这不完全对——因为我们还必须考虑到，人类没有或未能实施的行为也在相同程度上界定着他们的存在。只有从矛盾的两个方面综合审视，你的生命才是完整的，才能达成形式——一种勒斯楚普笔下对人类存在最为关键的形式。然而正如菲利普斯从他的病人那里了解到的那样，舍弃这一行为正变得困难：从前没有信息爆炸，没有多余选择，一生只能专注一件事；而如今，各类广告变着花样向你暗示，通过多消费、多购买、多体验，你就能过上"未曾经历过的人生"。殊不知，想象中的生活是现实生活的镜子——现实中的选择越多，我们懊悔错过的选项

[①] 存在主义（existentialism），产生于第一次世界大战之后。随着现代时期的到来，人类进入了历史中的非宗教阶段。此时，虽然人们拥有了前所未有的权力、科技、文明，却也发现自己无家可归。随着宗教这一包容一切的框架的丧失，人不但变得一无所有，而且变成一个支离破碎的存在物。个体的人没有了归属感，认为自己是这个人类社会中的"外人"，并自我异化，因此个体迫切需要一种理论来化解自己的异化感，存在主义也应运而生。存在主义认为，包括人的存在在内的所有存在都是偶然、荒诞的，人的存在本身也没有意义，但人可以在原有存在的基础上自我塑造，自我成就，活得精彩，从而拥有意义。——译者注

就越多，就越渴望利用想象来弥补现实的缺憾。"未曾经历过的人生"变成了萦绕心头、难以忘怀的存在，让你沉溺其中无法自拔，最终幻想成了精神支柱，而你也只希望活在这种人生当中。[17]如果这种人生成了唯一的向往，我们会近乎痴迷地追求尽可能多的生活和感官体验，而错过和舍弃也几乎成了不可饶恕的罪过。这不仅会使个人陷入痛苦当中，整个社会和文化最终也会遭受打击——欲壑难填，诛求无已，我们怎么才能满足这越来越多的无尽欲望呢？我们如何适可而止地为贪婪画上休止符呢？菲利普斯曾引用社会学家和文化批评家菲利普·里夫的名言道："要找到道德和文化最核心的秘密，唯一的路径就是认识到你该舍弃什么。"但看看现在的社会，人们普遍认为，最好的方式就是什么都不要舍弃！最近，我听到年轻的网络极客在一则广播节目中兴致勃勃地讨论要通过互联网将人类的性生活数字化。瞧，性快感的新机会又来了，比如机器人性爱，还有一些放在以前不可思议的色情作品接连涌现。所有参与者都觉得有必要尽其可能地刺激和扩大自己的感官体验——为什么不呢？只要名字听起来不保守反动，人们几乎不可能拒绝新的、令人兴奋的事物。甚至我自己在上学时读完关于"霸王军团"（The Overloads）这一技术团队的采访后都不禁对"新事物"产生强烈的好奇与关注。当时他们说，如果自己有两个选择，优良的旧物和劣质的新物，他们会毫不犹豫地选择后者——只因它是新的。这个立场严格说来是荒谬的，虽然我不能断定它是否为世人广泛接受，但我坚持认为错失恐惧的社会现象正体现了这种荒谬的立场，尽管很多人羞于承认。

你并不总能得到自己想要的东西

但我们为什么要尽可能多地体验？我们可以从这些新的体验中获得什么？即便你是某种新事物的第一个体验者，或者你在体验多样性的争夺赛中勇获冠军——那又怎么样？你又没有奖品。万物皆会终结，我们终要面临死亡。迄今为止，本书的分析表明，"一切尝遍"的冲动源于一种贪得无厌的思想观念，而这种观念正是现代资本主义的文化内核——如果再配合其"想做就做"（Just do it）的哲学理念和"及时行乐"的紧迫感，便俨然成了一种宗教力量，它呈现出燎原之势，把我们自持的理性烧得一干二净。但如果你认同我对该思想起源的历史解读就会明白，这并非人类本性的内在组成部分。与之相反，历史上很多，甚至大多数文化的内在发展要求都不是"求多"，而是遵循自然规律，在自己相应的历史周期中发挥应有作用。人类史的第一次重大转变伴随着农业的出现而发生，人类开始完善和优化自身与自然的关系。第二次则是工业革命和资本积累——社会学家马克斯·韦伯① 在他关于新教伦理② 的书中如是分析道。[18]

---

① 马克斯·韦伯，德国著名社会学家、政治学家、经济学家、哲学家、思想家，对西方古典管理理论的确立做出了杰出贡献，是公认的古典社会学理论和公共行政学最重要的创始人之一，被后世称为"组织理论之父"。在《新教伦理与资本主义精神》中，韦伯将"资本主义的精神"定义为一种拥护追求经济利益的理想。韦伯指出，若是只考虑个人对于私利的追求，这样的个人并不能自行建立一个新的经济秩序（资本主义）。他们必须拥有试图以最小的努力赚取最大的利润的共同倾向，为了达成这样的生活方式而自然吸纳了资本主义的特质，能够以此支配他人——这种精神必定来自整个团体的生活方式。——译者注

② 新教伦理（Protestant Ethic），由马克斯·韦伯提出，核心是"天职"观念。他抛弃了天主教禁欲主义的修行以及不问尘世的空洞劝解和训令，把个人完成上帝赋予他的义务当作一种至高无上的天职。在韦伯看来，新教在客观上证明了世俗活动具有的道德意义，同时促进了资本主义精神的萌芽和发展。——译者注

在韦伯看来，新教职业道德伦理中至高的"善"就是获得越来越多的金钱利益——这是一种纯粹的"工具化"，其存在本身变成了一个目标，且以牺牲个体的幸福为代价。随着20世纪新资本主义的到来，基于义务或需求的工业社会伦理逐渐与基于感官愉悦的消费社会伦理融合。在当下，资本自身不仅要达成积累的目标，还要借由扩大消费和鼓吹自我价值的实现来达成资本增值的目的。于是你就会发现，只要在法律允许的范围内，每个人都有权在任何时候获得他们想要的东西。

1969年，反映时代觉醒的反文化运动① 兴起（实际上这

---

① 反文化运动（counter-culture Movement/Rebellion），20世纪60年代中后期，西方资本主义在社会、经济和文化方面出现了极大的动荡，大规模的生产和消费不仅破坏了人和自然的关系，也造成了人与人之间、人与社会之间的危机，并直接威胁到了传统的意识形态和价值体系，从而导致了一股强大的反对遵从资本主义理性文化道德法规及文化意识形态和价值观念的浪潮，即反文化运动。反文化运动包括校园民主运动、妇女解放运动、黑人民权运动、反战和平运动、环境保护运动、同性恋者权利运动等方面的政治革命，也包括摇滚乐、性解放、嬉皮文化及神秘主义和自我主义复兴等方面的文化革命。反文化运动所到之处，以强调工作、清醒、俭省、节欲为人生态度的美国新教伦理和清教精神都受到了强烈的冲击和批判。——译者注

场运动只涉及少部分人群），滚石乐队的主唱米克·贾格尔在他的歌里唱道：

> 你并不总能得到自己想要的东西，
>
> 但如果你去尝试，
>
> 也许在某些时候，
>
> 你会找到它并得偿所愿。

但我想说的是，如果有人对你说："你并不总能得到自己想要的东西。"你应该回应："这不失为一件好事。"我在本章的所有努力和探讨，就是试图在人类存在性层面上给出理由，以支持你坦然地给出这个答案。人类的欲望多种多样且易于改变，尤其在这个媒体横行的消费社会——各类诱惑层出不穷，"买买买"的呼声绕耳不绝，只要你"想要"，只要你萌生了欲望，一切便仿佛不在话下。然而这样一来，乱花迷眼，你很难区分哪些欲望是重要的，哪些又是微不足道的。你也因此难以充分地说服自己保持恬然自适的心态，并以一种自我约束、专注持久的方式去追寻生命的真正价值所在。克尔恺郭尔

"纯粹心灵"的论调如今听来煽情且陌生，因为我们已经习惯从自己的内心去寻找生活的方向和万物的意义。但是他的观点或许可以让现代读者意识到，在我们自身以外还存在着一个超然世界——在那里，事物自有优劣，并不以我们的愿望和偏好为转移。也许抛开潜在的个人利益不谈，纯粹地求善向善会让我们获得真正的自由和解放。如果你认可这个想法的价值和意义，你会知道"尽可能多地实现自我欲望"这一野心算不上对自由的追求，反而会使我们沦为欲望的奴隶。要想成为一个自由的人，并真正获得解放，我们必须做好舍弃的准备——换言之，比起什么都想要而屈从于无定式的虚妄，"只想要专注于一件事"是我们的唯一选择。

第三章

节制的价值

作为一个晓德知礼的物种，人类到底具备何种能力？[1]哲学家和神学家花了数千年时间思考这个问题。直至当代，人类学家、社会学家、心理学家、经济学家以及其他学科的研究人员仍然热衷于相关研究，原因或许是其最能凸显人类有别于其他物种的特质，即我们遵循（或违背）道德伦理的行事能力。而在相关研究中，经济学家的观点尤其值得关注，因为在人性的理解和界定方面，他们一直掌握着巨大的社会影响力。他们的标准模型——有时也被称作"理性经济人"（homo economicus）模型——假定每一个人作为经济决策的主体都是充满理性的，在特定情况下，会出于自身利益而行动，以实现个人效益的最大化。换言之，这个理论将所有人都视作成本效益的分析者：我们会试图以尽可能少的努力去满足尽可能多的自身需求。但是这个理论完全没有考虑到人类作为合乎道德的存在所具备的潜能，至少这个理论阐述的道德不包含自我牺牲或无条件的慷慨，也就是说，若秉持道德行事，有时人类的付出和牺牲并不一定期待任何回报与嘉奖。

近几十年来，理性经济人假设受到了来自包括经济学家和心理学家在内的质疑和挑战。心理学家进行了多次实验，结果表明，人类在现实中的行为表现与仅基于理性经济人假设做出的预期结果大相径庭。心理学家丹尼尔·卡内曼①甚至因相关研究获得 2002 年诺贝尔经济学奖（可惜诺贝尔奖并未设置心理学奖）。[2] 在质疑"理性经济人"假设的实验中最为著名的是"最后通牒博弈"（the ultimatum game）。该实验设计了很多变量，但最基本的变量仅为两位受试者——A 和 B，其中 A 会拿到一笔钱，比如说 100 英镑，并决定如何在两者间分配这笔

① 丹尼尔·卡内曼，心理学家，拥有美国和以色列双重国籍，因"把心理学研究和经济学研究结合在一起，特别是对在不确定状况下的决策制定的有关研究"而获得 2002 年诺贝尔经济学奖。——译者注

资金。A可以自由选择把这笔钱全部留给自己，或与B平等分配，或以其他比例分配。接着由B来决定是否接受：如果接受，那就按A敲定的方案实施分配；如果拒绝，那么双方一分钱都得不到。根据理性经济人的假设，实验预期：B将愿意接受任一分配方案，因为这是理性决策的结果。如果A选择自留99.99英镑，B只拿到了1便士，那也总比什么都没得到强；即便B1便士都没拿到（A选择独占），B也没有合理的理由拒绝这个提议，因为就算A失去了100英镑，也不会对B的收入产生任何影响。但结果出乎意外。实验表明，人类会倾向于对自认为不公平的事物表示强烈反对，即便因此吃亏也在所不惜——至少在某些文化情境中确为如此。比如在北欧，即使这意味着他们一无所获，许多人还是会拒绝接受自认为不公平的分配金额（因为相应地，对方得到的金额会不成比例地增加）。在某些情况下，比起实现个人效益最大化，寻求公平的意愿，或许还有惩罚吝啬对手的心理似乎占了上风，成为指导行为的强烈动机。

这个实验最有意思的地方是能让你看到人性的千姿百

态——有的人一毛不拔，有的人无私忘我，有的人意气用事，有的人逆来顺受。我们再来看一个更为简化的版本——"独裁者游戏"（the dictator game）。这一次，实验赋予受试者 A 至高无上的权威，他作为独裁者可以全权决定这笔资金的流向和分配比例，而 B 对此没有任何影响力或发言权，只能被迫接受 A 提出的方案。大部分人可能会想，如果 B 一无所获那也没有办法，因为游戏规则就是这样；如果 B 能分得一半，那便两全其美。"理性经济人"假设预期的结果是：A 会将这笔钱据为己有，如果他有 100 英镑，那么这就是他的合法财产，他不必也不会拿去和 B 分享。但实验结果再一次出乎意料，许多"独裁者"都会选择与对方共同分享这块"经济蛋糕"，有时甚至会谦让出相当大的一部分。这个结果也许能让我们重拾孩提时对人性的憧憬和希望。

克里斯托夫·恩格尔是位于德国波恩的马克斯·普朗克

公共财产研究所 ^① 的所长，他在总结了 100 多篇已公开发表的关于独裁者游戏的研究结果后估算，平均而言，"独裁者（A）"会选择将约 28% 的资金分给对方受试者（B）³——要知道，A 与 B 此前完全不认识，他们之间从未存在任何债权债务关系，且实验结束后他们可能再也不会见面。在作为"独裁者"的全部受试对象中，只有恰好超过三分之一的人将所有钱据为己有，而大约 16% 的人会选择与对方平均分配。值得注意的是，有 5% 的人选择全部放弃，将资金赠予对方。

诚然，这样的实验结果引发了众人激烈的争论。尽管研究界尚未针对上述各类行为的成因达成共识，但相较于"理

---

① 马克斯·普朗克公共财产研究所（Max Planck Institute for Research on Collective Goods），隶属于马克斯·普朗克学会（MPG），该学会是德国一家大型科研学术组织，也是国际上规模最大、威望最高、成效最大的由政府资助的自治科学组织。其前身是 1911 年成立的威廉皇家学会。1948 年 9 月，学会以著名物理学家、诺贝尔奖获得者马克斯·普朗克的名字命名，总部设在慕尼黑。马克斯·普朗克学会以罗马神话的智慧女神密涅瓦的头像为徽标，显示了对于知识和自由的崇敬，其坚信基础科学研究指引着人类未来的方向，并以宽容、自由、和谐的理念支撑起一个又一个领先世界的研究成果。——译者注

性经济人"模型给出的"以自我利益为先"的预测结果，人们似乎表现得更为慷慨，即使对方是陌生人——结合本书的主题可表述为：即便没有在未来某一时刻获得回报的预期，我们当中的许多人似乎也愿意舍弃自己本可以拥有的权利（事物）。对此存在一种解释，即人类本质上是遵循道德伦理的存在，并不会时时刻刻都考虑对自己最有利的选项；我们愿意考虑他人（包括陌生人）的角度和立场，在正义感的驱动下学会分享。换言之，我们能够对形势做出大体判断，并相对独立于自身的潜在利益去评估何谓公平——这在某种程度上属于人类理应拥有的品质。但体现这些品质的实验结果却成了一种惊喜，并且相关研究也获得了诺贝尔奖，不得不说这是一种苦涩的讽刺，是什么让我们失去了对人性本善的信心？也许正是现代社会扭曲的价值观。如前所述，作为现代社会支柱的经济理解（理性经济人）基于的是另一种人性观：人类都是贪婪自私的生物，只想让自己受益，只想不断地索求更多。但最后通牒博弈和独裁者游戏的结果让我们这些依然坚持节制和慷慨是美德的人备受鼓舞——正是节制与舍弃的内在道德价值赋予人性以光辉。本章的讨论也将围绕这个重点展开。

百合花与飞鸟

"理性经济人"假说认定当今社会完全靠利己主义驱动，且当中每一个人都以自我为中心。这无疑把人性想象得过于片面和不堪，也极具误导性。庆幸的是，前文提及的两个实验给了这一假说一记响亮的耳光。诚然，人类在很多情境下都是从自我本位出发，自私行事，但这并非我们的本性。我们也希望变得慷慨大方，团结合作，乐于助人——前提是我们生活在弘扬和鼓励这些美德的社会中。不少心理学家认为，人类属于寻求陪伴的关系型物种，这种对关系的渴望与依恋很可能是与生俱来的。

著名发展心理学家唐纳德·温尼科特[①]就曾断言：严格说来，世界上并没有"婴儿"（infant）这种东西[4]，离开看护者，婴儿什么都不是。温尼科特认为"孩童"（child）几乎是一个抽象概念，是"进行中的存在者"（on-going being），必须依靠看护者的养育才能逐渐形成完全的"存在者"（being），因此最小的发育心理学单元不是"孩童"，而是"孩童＋看护者"（在他生活的时代，他专门提到母亲才是看护者，但现在我们认识到男人也有能力扮演这个角色）。孩子从出生伊始就依赖关系成长，他们会与周围的环境和人员互动，参与到交互式主体关系（inter-subjective relations）[②]中去。只是后来孩子逐渐意识到自己是一个独立的个体，并开始隐藏他们的情感。

[①] 唐纳德·温尼科特，英国精神分析学家，客体关系理论大师，研究方向为"父母–婴儿关系"，主张父母是环境的一部分，在照料婴儿的过程中应当提供促进其发展的环境。——译者注

[②] 交互式主体关系，温尼科特认为一个人的主体构成来自其最初的婴儿形态与环境所构成的统一体。他在客体使用理论中阐释道：婴儿最开始仅能体验到主观客体，后逐渐通过过渡性体验与客体发生关联，最后发展到客体使用。其中，过渡性体验发生于内在现实与外在现实（即主观客体与真实客体）之间的中间区域，引导着婴幼儿逐渐意识到外部现实的存在。——译者注

随着年龄增长，他们甚至会假装自己拥有某种情感（而实际上没有）。在温尼科特之后，发展心理学家又通过科学的跟踪记录发现，婴幼儿自诞生起便积极地回应周围的人与环境，他们表现出的互动行为令人惊叹。这说明，人类在处理与世界、社会和他人的关系时本质上是"外向"的。但与世界其他大多数文化对人性的看法大相径庭，西方哲学认为每个个体都是一个内向封闭的精神空间——正是这种思想催生了"理性经济人"等从经济角度看待人性的学说：既然每个人都是一个小型的封闭世界，那么从逻辑上说，我们完全能够自给自足，甚至可以不惜任何代价，最大程度地促成自身愿望和偏好的实现。在《生命的立场》一书中，我将这种现象称为"消极的虚无主义"（passive nihilism）：该主义的信奉者认为，世界的存在缺乏意义和价值，因而需要人类在自我的"内心世界"中主观创造概念和事物。[5]但如果我们自视与世界、社会和他人都是相互联系的，便会知道我们根本无法离开群体而存在——这个群体中有与我们存在亲属、朋友关系的特定个体，有与我们属于同一个国家、分享同一段历史的同胞，还有其他未具体定义的某某。

正是这整张人际关系网络构成了人类生活的基本单位——勒斯楚普称其为"相互依存",即一种彼此依赖、相互交付信任的状态。在这种状态下,人类的存在与发展要归功于彼此:我们既是奉献和施与的一方,也是索取和受赐的一方。如果要让这张关系网络发挥效用,我们必须从一开始就学习自我节制的艺术。也许你会觉得自己的观点卓越优秀,但不能仅因为这样就总是强迫他人按照你的方式行事。月盈则亏,人满必骄。我们必须学会张弛有度,适可而止;保持谦卑,认真倾听,有时甚至要妥协迁就,逆来顺受。这个理念听起来似乎已经过时,因为它几乎与当下舆论宣扬和鼓吹的价值观截然相反。现代社会要求我们主动、自信,不断谋求个人发展,多读励志书,多参加自我提升的课程等。比如我在第二章中提到的那位美国励志教练,他的成功法则就很符合时下潮流的品位:尽管去做你想要做的事情——就在你斗志昂扬的时刻和地点,和你想要携手的人一道,尽其可能地实现你的欲望和目标。在这个观点的衬托下,你可能会觉得克尔恺郭尔的"成功法则"听起来有些陈腐。但值得注意的是,克尔恺郭尔本人绝不会为他的理念取这般庸俗的名字，毕竟"成功学"是发展文化的病态产物，而"心灵纯粹"的人，他们的理想人生不需要靠他人定义，也绝非几样"成功配方"（金钱、名誉、地位、权力）便可简单复制；他们的格局，远在实现自身欲望之外。

克尔恺郭尔将他对理想人生的感悟，表达在其关于百合花与飞鸟的系列文本和演讲中。[6]人类可以从百合花与飞鸟身上学到什么呢？克尔恺郭尔的回答是：沉默、顺从、愉悦。这个答案可能稍显沉重保守，却蕴藏着一种奇异的诗意。借助"百合花"与"飞鸟"这两个意象，他归纳出了一套理想的美德标准来恳劝人类：究其根本，沉默是金。收敛言语是因为人类拥有语言的力量——否则就没有理由去学习沉默的艺术。而百合花与飞鸟不会说话，所以它们的沉默称不上真正的艺术。但我们依旧要学习它们的沉默。为什么？因为只有这样我们才能学会倾听。

克尔恺郭尔并不是要求人类放弃自己独有的语言号召力

和感染力，变得像百合花、飞鸟或其他无言生物般木讷迟钝。只是从伦理角度看，花与鸟确为最佳的比喻。然而人类是一种比百合花与飞鸟复杂得多的存在，也正因如此，我们会比它们体验到更深层次的痛苦。但这份痛苦并非源于人类的语言表达能力——"语言是我们这个物种的优势，"他写道，"痛苦只源于我们无法保持沉默。"[7]

作为一位信仰基督教的思考者，克尔恺郭尔坚信，沉默就是对上帝至上的崇敬。尽管这是信教者的解释，但我认为，他的分析里透射出一种更为深刻、具有普适性的洞察力，即在苍茫宇宙中，在终极真实里，除了你、我、他，还存在一种更宏大、更广博的自然秩序，它隐于无形，却无处不在；它是本质，是内核，是规律——我们应当学会谦卑地倾听，而不是一味地喧哗聒噪，用我们主观的所见、所想、所愿把这个时空填塞得不留缝隙。挪威作家卡尔·奥韦·克瑙斯高①在他的长篇散文《春》(*Om foråret*) 中也探讨过类似问题。在其中一个段落里，他提到，他的女儿与同班同学一起参加聚会，并开心地吃着香肠。这个画面给了他灵感，启发了他诗意的思考：

> 我站在这里，一只手放在口袋里，一只手扶着婴儿车。那些毫不起眼的番茄酱瓶和芥末瓶、熏得焦黑的热狗、在露营桌上一字排开的软饮料——在浩瀚星空的凝视下，在舞动篝火的映衬中，几乎变得不可思议起来。我仿佛站在一个平庸乏味的世界里，却窥探到了另一个奇妙绚丽之境。那种感觉就像不由自主地迈入了两个平行现实的边缘区域。

---

① 卡尔·奥韦·克瑙斯高，挪威作家，出生于首都奥斯陆。曾以令人瞠目的坦率和令人屏息的长度，写出自传体小说《我的奋斗》(*Min kamp*)，自 2009 年至 2011 年底，三年出版六大卷，总厚度逾 3500 页，事无巨细地深挖与暴露个人、家庭和亲友的生活隐私，在奉行沉默是金的北欧社会引发极大争议，却也因此成为超级畅销书。此书中文译本由理想国和上海三联书店联合出版。克瑙斯高 2017 年获得奥地利国家欧洲文学奖和耶路撒冷文学奖。——译者注

人类来自何方？——我们来自远方，来自可怖的美丽。当新生儿第一次睁开他的眼睛时，在那个无瑕的灵魂第一次与世界产生碰撞时，分明灿若星辰，耀如朱炎。但我们却最终活成了狭隘与愚蠢的大人，在烤熟的热狗与摇晃的露营桌旁熙熙攘攘，俗不可耐。但那伟大而可怖的美丽却没有因此抛弃我们，它周流于万物，永不改变，永不停止。看啊，我们目之所及的全部事物里都藏着它的影子，它始终在那里——在太阳与星辰里，在篝火与黑暗里，甚至在树下那张蓝底碎花的地毯里。对我们而言，它毫无用处，但它又是如此的广博深远，宏大到超出我们的理解。我们唯有看着它，谦卑地臣服。[8]

是的，这段文字让人伤感。但除此之外，我们还能如何表达这样一个事实：有这么一个世界，或称之为自然，或称之为统一体，它不是人类的创造物，它对我们毫无用处，而我们却只能匍匐在它脚下，静默地仰视它，无能为力？我认为克瑙斯高表达的主旨在本质上与克尔恺郭尔关于"百合花与飞鸟"的哲思并无二致，只不过克瑙斯高代表的是当代之声。他们探讨的都是现代人类几乎遗忘和失语的主题：敬畏——对"自然之道"确切存在的事实的敬畏，对道德伦理的敬畏。

正是出于敬畏，克尔恺郭尔提到了"顺从"——他本意是服从上帝，但我们可以将其更普遍地解释为一种顺应时势、顺其自然的生活方式：你要承认，有些事情是无法改变的，它们并不以个人意志为转移。也正因如此，我们必须学会顺从，即便我们可能偏爱另一个让自己获益更大的替代方案。

最后，还有关于存在的愉悦。克尔恺郭尔在其作品中写道："你确实作为人类降临于世了。你可以尽情地感知和拥抱这个世界——想想这是何其的幸运和伟大啊——你的眼睛可以探看，你的耳朵可以倾听，你的鼻子可以呼吸，你的舌头可以品尝，你的感官可以触知。温暖的阳光正倾洒在你身上……因为你的存在，即便太阳西下，也还会有月上树梢；还会有星辰，它们闪烁着，只为给你呈现一片灿烂星河。"他的文字让人想起现代积极心理学中的"感恩练习":细数你生命中值得感恩的人与事,提醒自己——你很幸福。克尔恺郭尔接下来还列举了许多人类应为之感到欢欣鼓舞的事情,并得出结论:"如果你认为没什么值得你高兴的,那就确实没什么值得你高兴的。"[9]

在克尔恺郭尔(还有克瑙斯高)看来,沉默、顺从、愉悦是建立在自我约束基础上的人性实践,它要求我们适可而止,不要越界,并赋予我们以道德品质和人格尊严。这并不只是克尔恺郭尔作为基督教思考者的一家之言。丹麦文化评论员、激进的社会主义者奥托·吉尔斯台兹[①]也用他优美的笔触描写过相同主题。在他1922年出版的诗集《独白》[②]中有一篇名为《赞美诗》[③]的作品。不过这

---

① 奥托·吉尔斯台兹,丹麦作家,20世纪30年代丹麦共产主义文学运动的重要人物。主要作品为抒情诗。诗作《广告船》(1922)、诗集《日趋明朗》(1931)和《恶劣的天气》(1934)等重在揭露社会弊端与讽刺德国法西斯主义。他关于文学艺术和哲学的评论文章主要收录在《生活,你好!》(1958)一书中。——译者注

② 原著为丹麦语 *Enetaler*,英译本作 *Monologues*。——译者注

③ 该诗原名为丹麦语 *Salmer*,英译本作 *Psalms*。——译者注

一次作为伦理和存在性象征的意象不再是百合花与飞鸟，
而是树木：

顾影自怜的生活何其可悲，
自寻烦恼的消遣着实无聊。
不如去看看树木吧——
长在篱笆旁的树，
它们值得你每一寸目光流连；
高大巍峨，傲骨铮铮，
它们无声而立。

像紧拥在一起的动物，
共同抵御这潮湿的薄暮。
在夕阳绚烂的余晖里，
树木沉醉地摇摆。
成荫的绿叶是它们最好的武装，
犹如动物裹上了温暖的蓬毛，
便瞬间有了依偎的港湾，
这感觉是如此安全可靠。

尘土！是的，它们都将化作尘土！

有人说真理就是诗意的，但也有些人认为若当真如此便太可怕了（毕竟诗歌是很抽象的存在）。无论如何，比起直白的线性叙述或者朴实的科学普及，有些真理似乎更适合借助美学和艺术的手段（比如诗歌）进行弘扬与传播——尤其像克尔恺郭尔推崇的沉默、顺从、愉悦——要想发掘当中蕴含的关于朴实生活的价值，并让人类对"适度"这一美德产生伦理和存在性层面上的认同与共鸣，没有比诗歌更好的形式了。

政治与伦理中的适度原则

早在古希腊时期，亚里士多德就对"适度"的道德价值表现出极大的兴趣。他的"德性伦理"（ethics of virtue）是我在《生命的立场》一书中讨论的重点，在这里我会对其相关思想再做一个简要的介绍。[10] 德性伦理学的基本观点认为：和研究宇宙万物一样，要理解人类这一生物，就得先弄清他们的意图和目的是什么。人类作为唯一具备理论和实践推理能力的物种，能够对世界做出科学和哲学层面的理解与思考，并为自己的行为承担相关的道德责任。在亚里士多德看来，拥有并运用上述能力

（理论智慧和实践智慧）本身就具有内在价值。而所谓美德（希腊人称之为 eudaimonia[①]），就是能展现人性至善至美光辉的品格特征，它是人类内在高品质追求的外化表现，对促成个人幸福和社会繁荣必不可少。宇宙万物都拥有属于自己的品格特征，像一把刀——如果它刀身锋利，可以精准切割，那它就是一把好刀。因为这一工具的设计目的就是用于切割，只要关注它的切割性能，我们就能对其好坏进行判断。同理，要理解人类，就得先探究人类的存在目的是什么，是何种品格特征使其成为有德性的人——古往今来有不少名人志士都曾就这个问题进行热烈讨论，但答案见仁见智，也很难界定。

亚里士多德认为，人的一切行为都有过度、不足和适中三种状态。其中过度和不足属于两个极端，都是恶行的特征，而理想的美德应取两个极端之间的中庸之道。例如他认为，勇敢就是居于懦弱与鲁莽之间的美德。如果

---

① Eudaimonia，古希腊语意为"幸福快乐"，字面意思为"作为守护者拥有尽善尽美的神性"。——译者注

我们要过上充实丰裕的生活，那么勇敢的品质就不可或缺。勇敢不是不计后果地莽撞行事，也并不意味着就此摆脱焦虑和烦恼。勇敢是即便感到恐惧害怕，还是会一往无前地去做正确的事。懦夫缺乏行动的勇气，而莽夫则有勇无谋，贸然行事——在德性伦理学看来，两者都是不可取的。类似的分析也适用于其他美德，这意味着"适度"原则——在极端之间取得合理平衡的能力，其本身就是一种关键美德。譬如善良之人都知道慷慨是一种优良品德，它肯定要比吝啬好。但你在连自己和孩子都没法养活的情况下行慷慨之事就不那么明智了。"适度"就是在吝啬与无底线的慷慨之间、在懦弱与鲁莽之间取得平衡。希腊语中的"sophrosyne"一词正是对应"适度""节制"之意，也可以翻译为"自我控制""张弛有度"等。对古代思想家而言，这个原则起到了极为关键的作用。在现存的历史残稿中，我们可以看到，赫拉克利特[①]（其生活年代远早于亚里士多德时期）甚至

[①] 赫拉克利特，古希腊哲学家，在哲学史上第一次提出认识论的概念。他认为万物都处于不断的运动变化中，并提出了"人不能两次踏进同一条河流"这一著名命题予以说明，被列宁誉为辩证法的奠基人。——译者注

主张，"sophrosyne"是最重要的美德，即美德之最。结合亚里士多德宣称的"美德是两个极端间的中庸之道"，便不难理解为何赫拉克利特对"sophrosyne"如此推崇。

只不过近来少有学者围绕"适度"的伦理价值展开相关哲学或科学研究。哈里·克罗尔是个例外，他在《论适度》（*On Moderation*）一书中明确提出要捍卫这项与现代社会格格不入的传统美德。[11]克罗尔提倡"适度"原则——一是因为这是一种可贵的品德，二是由其衍生出的温和派政治实践更注重循序渐进地改善社会，而非发动乌托邦式的政治冒险或流血革命。他还强调，政治上的适度并不只是算术意义上两个极值的简单平均，一个理想的政治家应当懂得张弛有度——"他会寻求达成共识、建立联盟；他会撇开阵营偏见，团结各党派签署协议，并以非暴力对抗、非煽动革命的方式与民众对话，旨在形成联合阵线"。[12]

克罗尔将政治上的适度原则与人类缜密的科学研究做比

较。在做科学研究时，人类必须以不偏不倚、客观包容的态度来处理复杂问题，并花时间理解、领会各类针锋相对的观点。同理，无论在政治、道德伦理、法律或科学研究领域，要做出明智的判断，我们就不应将主观判断、态度、立场和倾向强加于他人，而应摒弃妄自尊大的冲动，学会倾听各方之言（即克尔恺郭尔鼓励的"沉默"），唯有通过这种方式博采众长，得出的结论才是合理的。然而现代政治环境中却少有这种和谐。相反，政治话语权被那些反应迅速、老练精明的言论垄断，有时甚至会被推特上某些油腔滑调的评论所支配，而这些评论者不过是为了显摆自己的"前瞻性"或"才能"。事实上，大多数人在参与政治讨论时并没有培养起自我质疑和省察的能力——但如果政治确如克罗尔所言，需要综合考量不同立场且平衡多方利益，那么这种能力恰恰是我们最应该提升的。政治上的适度原则意味着尊重多元化，并在兼顾各方关切点的基础上做出相对均衡的决定。而克罗尔认为，教育尤其是古典人文教育可以拓展我们的视野，帮助我们从不同的角度去理解世界。很多哲学家（尤其以玛莎·努斯鲍姆[1]为代表）也持相同观点，近年来他们一直在强调文学和其他艺术教育的重要性。

如果撇开政治不谈，单将"适度"作为一种品格特征来探讨，我们就会发现，它对道德伦理的影响也是至关重要的。克罗尔甚至主张，"适度"可等同于"品格"，因为拥有良好的品格意味着克制内心冲动和抵御外界诱惑的能力。归根结底，我们就是自身品格的外化表现。这个观点呼应了我在上一章中提及的菲利普斯的心理分析结论——我们已经实施的行为和未曾实施的行为联合界定了我们的存在，且两者的影响程度相当。品格其实就是一种能力——抵御诱惑的定力，敢于舍弃的洒脱以及适可而止的分寸感。

---

[1] 玛莎·努斯鲍姆，美国哲学家，哈佛大学博士，2012年西班牙阿斯图里亚斯王子奖获得者，著有《善的脆弱性》（ *The Fragility of Goodness: Luck and Ethics in Greek Tragedy and Philosophy* ），旨在解决正义之士遭遇的道德困境：他们一心追求善和公正，却因为外部因素的干扰，需要在个人利益和发展上做出妥协，甚至彻底否定自我。通过对古希腊文学和哲学文本的探讨，努斯鲍姆最终拒斥了柏拉图关于善能够保护人类免受恶之侵袭的观念，而采用了亚里士多德的观点，认为善的脆弱性正是实现善的关键所在。本书令努斯鲍姆一举成名，不仅使她在学术界获得无数称誉，也将她的影响力拓展到了公共领域。——译者注

尽管关于品格的概念很复杂，但其中至少有两个方面与道德伦理相关：其一，是克罗尔等人（源于亚里士多德学派）所说的控制冲动的能力。如果缺乏这种能力，我们就谈不上诚实正直，也无法成为一名可靠的道德行为者（moral agent）[①]。如果我们总是因每一个突然的冲动就鲁莽行事，那么从某种意义上分析，我们不过是冲动的傀儡。因为我们从未实施过主体行为，只是被动地交由冲动牵引支配。而只有当我们将自我与冲动分离开来，站在旁观者的角度，用价值观和其他方面的综合考量来审视评估后，再做出最终决定——这样才算得上拥有自由的意志。其二，则更多地涉及生命可以采取的整体形式。法国哲学家保罗·利科在其主要著作《作为一个他者的自身》

[①] 指具有道德认识、道德判断、道德选择和道德行为，并且有能力承担道德责任的存在。——译者注

（*Oneself as Another*）[①]中将相关概念描述为自体恒常性（*self-constancy*）[②]。[13]而我在《清醒》一书中也引用了这个概念对现代社会的诸多文化实践提出了批评。这些文化实践迫使我们为适应快速的变化而过度地追求自我发展、灵活变通与主动变革，并因此威胁到了我们的自体恒常性，亦即我们超越时空限制，保持自我主体一致性的能力。可以说，这种能力是人类立足社会的中流砥柱。如果你不为维护自体恒常性而抗争，你就无法获得他人的全然信任。因为若说此刻的你不再是从前的你，你原先做出承诺时的自我主

---

① 《作为一个他者的自身》（法文原著 *Soi-même comme un autre*，英文译名 *Oneself as Another*），中文版译者为复旦大学教授余碧平，由商务印书馆于 2013 年出版。这本书是利科后期的一部重要著作，也是其在 1968 年学生运动后"自我放逐"30 年的思想结晶。在此书中，利科关注个人同一性的问题。在他看来，个人的同一性既不是笛卡尔的"我思"，也不是尼采的"对自我的瓦解"，而是"自身与他者的交织"。利科在此书中，从三个方面讨论了个人的同一性：描述、叙述与规范，即，谁在说话和行动？谁在叙述故事？谁负责任？对于利科来说，这是人生的根本问题。因为人的生存与罪恶感等问题最终都可以归结为"人是什么？"的提问，也即"个人同一性"的问题。——译者注

② 自体恒常性理论由普雷斯科特·莱基于 20 世纪 20 年代提出，强调"自我"在思想调节中的重要性。其理论基础为：人们依靠自身某个"主要动机"来组织心理功能的运作，并通过自我协调等方式来保持内心思想的一致性。——译者注

体已不复存在，那么你信守承诺的动机是什么呢？

在利科看来，要达成和坚守自体恒常性，我们必须将自己的一生视作一个整体进行省察和反思——要做到这一点，最好的方式是将生活比拟成一部叙事性小说，去阅读它，审视它。从某种意义上说，生活由一系列故事构成，作者（即你我）必须按照自己的理解去演绎这些故事，并将其娓娓道来，以便给自身的存在赋予形式。很多人都有写日记或制作相册等习惯，为的就是把生活中的碎片拼凑起来，让它呈现出一个整体风貌。现代心理学将这种行为称为"叙事认同"（narrative identity），但这实际上只是给传统概念中的"品格"换了一个新颖的说法罢了[14]——因为人的一生会发生不计其数的故事，但你只会选择其中一些作为叙事题材，而这个选择的过程（包括叙述的重要性次序，事件前因后果的分析，以及对经历的总结和反思等）恰恰反映了你本人的价值观和品格特质。利科认为，严格说来，只有将个体的生活理解为一个可在时间线上往前追溯的连续整体，最好是能呈现出一个连贯清晰的叙事架构（成长路线）时，才能完整地认识一个人的品德。综上所述，品格与道德伦理紧密相关的两个方面——一个是空间维度上的（共时性）：在特定的时刻，针对某种情况，我们能意识到意志和行动的主体是自己，从而控制个体冲动并做出理性决策；一个是时间维度上的（历时性）：个体的过去、现在、未来串联成一个连续整体，而个体的行为在根本上由其思想内核（亦即他的自体恒常性）主导。虽然这两个方面有所不同，但它们都是基于我们勇于舍弃的意愿而存在。为什么呢？试想一下，如果我们坚持试遍一生中每一个可能的身份和叙事角色，就不可能保持自体恒常性。当代青年痴迷的文化生态，实际上是假设存在无尽资源可供挥霍，以支撑永无止境的个人发展。在该文化的构想中，我们可以追求永恒的青春，且只需要转变身份角色便可以享受无尽的体验，这听起来也许很有吸引力。而发展心理学家爱利克·埃里克森认为当一个人形成了坚定的内在同一性（moratorium）①，不会再对自身的社会角色感到困惑时，他（她）的青春期就结束了，此后他（她）的身份认同就凭靠承担义务和责任予以确定。但在当下的文化生态中，这种社会角色（内在同一性）混乱的状态甚至可能贯穿人的一生——事实上，有的心理学家就鼓励我们生活在身份实验室中，永无休止地轮换自己的身份角色，以丰富人生体验。其中一个代表是后现

---

① 原意指暂停、延期偿付等，但爱利克·埃里克森给该词赋予了新的概念，特指从两性期（12～20周岁）到青年期（20～25岁）的一个过渡阶段，这个阶段的核心问题是自我意识的确定和自我角色的形成。此时青少年对周围世界有了新的观察与新的思考方法。他们经常考虑自己到底是怎样一个人。他们从别人对自己的态度中，从自己扮演的各种社会角色中逐渐认清了自己。此时，他们逐渐疏远自己的父母，从对父母的依赖关系中解脱出来，而与同伴们建立了亲密的友谊，从而进一步认识自己，对自己的过去、现在、将来产生一种内在的连续感，也认识到自己与他人在外表与性格上的相同与差别，认识自己的现在与未来在社会生活中的关系，这时就标志着他形成了内在同一性，亦即心理社会同一感。在埃里克森看来，同一性可以理解为社会与个人的统一、个体的主我与客我的统一、个体的历史性任务的认识与其主观愿望的统一；也可理解为对自己的过去、现在和将来，即在任何情况下都能够全面认识到意识与行动的主体是自己，或者说能抓住自己，亦即"真正的自我"，也可称为"核心的自我"。——译者注

代心理学家肯尼斯·格根[①]，他在一本探讨现实与人际关系的著作中建议道：人类与其致力于追求关于"我是谁"的某一特定真相，不如从多方位探索自身可能扮演的社会角色；生活不是单一的，对生活的叙事认同也可以多元化。[15]而这个观点恰好与自体恒常性和品格特质的理论背道而驰——格根提倡的是一种类似变色龙的生活方式：你可能会因为时尚指定了某一流行色，或者你觉得另一种色调更合眼缘，又或者仅仅是出于无聊，你就选择改变颜色。但这能构成道德生活的基础吗？如果你是本章所推崇的"适度"原则的拥趸，你会对此给出否定的答案。

在第一章我曾介绍过罗伯特·古丁和他的著作《安定》。古丁在书中提到了电影《好家伙》(*Goodfellas*)[②]里的一

[①] 肯尼斯·格根，美国斯沃斯摩尔学院心理系教授，国际知名的理论心理学家，社会建构论心理学的主要奠基人和领袖人物之一。——译者注

[②] 马丁·斯科西斯执导的黑帮犯罪影片（1990年）。本片根据真实故事改编，讲述了纽约黑手党血腥的江湖恩怨，把所谓"江湖道义"还原为人性的丑陋与贪婪。荣获第47届威尼斯国际电影节最佳导演，第63届奥斯卡金像奖最佳男配角等多项国际大奖。——译者注

幕，一位母亲问儿子："你为什么不找个漂亮姑娘？"儿子回答道："有啊，我几乎每晚都找。"但母亲依旧在坚持："我说的是你可以找一个姑娘安定下来。"儿子答道："有啊，我几乎每晚都找。"[16]这是一段有趣的对话，但从中我们可以看出，持续不断地追求更多的数量、更新奇的感触和更为多元化的体验（电影此处专指性爱）意味着一种道德义务的缺失。如果这成为一贯的生活态度，我们很快就会陷入克尔恺郭尔所说的"审美绝望"，并注定永远不会安于现状，因为我们总觉得下一个会更好。这不仅会让我们陷入欲求不满的焦躁状态（参考第二章中关于人类存在性的讨论），也使得我们难以过上合乎道德标准的生活——因为这种生活建立在承担义务的基础上，其必然会涉及一定程度的忠诚、信任、自我牺牲和其他类似的美德——这些价值观都与"适度"和"节制"相关，并要求你愿意做出舍弃，即便你要舍弃的东西看起来让人心动不已。

一切适度

奥斯卡·王尔德有句名言："我可以抵抗一切，除了诱惑。"当然，这里我们也可以采用相仿的风格造句："我们做任何事情都要节制，包括节制本身。"我提到这一点是为了强调，从道德意义上说，节制不是让你奉行禁欲主义或者自我折磨。推崇节制是为了让人类过上幸福体面、张弛有度的生活，而节制也只是道德伦理生活中的众多组成部分之一——确切而言是核心组成部分，甚至可能是一种最为基本的美德。但物极必反，过犹不及，"节制"也不例外，过度节制同样会带来损害。比如当节制原则成了不容置喙的教条，信徒个个极端拘谨、泯灭需求，那么这项美德就变味了，变得让人难以忍受。所以我们要警惕，推行"节制"同样要适度。

那么，我们如何在特定情况下恰当地把握节制之度呢？如果要就这个问题求助于亚里士多德（我在探索涉及道德和自我等问题时通常会先参考他的理论），他会回答：只有深耕细育、达到至善的情感生活，才能让我们做到这一点。换言之，情感不应该与理性对立，而应成为我们感知世界的可靠来源。举个例子，恐惧可以提醒我们危险的存在（但它也可能是病态的，譬如对纯良无害之物产生畏惧）；一个人的罪行可以提示我们，他确实违反了道德准则实施了罪恶（但这种指责也有可能是毫无根据或基于瑕疵证据的）；一个人骄傲自大——从正面看，这源于他实现了某些令人钦佩的重要创举，他有理由为此感到自豪（但他也有可能高估了自己的成就）。关键是要明白，认知性是情感的内在属性（或者至少说情感具备认知的潜能），我们的情感正是认知和感受世界的结果。但正如来源于其他渠道的知识一样，我们的情感生活也会让我们误入迷途。因此，贯穿一生的情感社会化就显得极为重要了（但社会化最关键的时期是在童年）。

在学习自我节制的艺术时，仅仅在理智上认识到我们应当与他人分享，耐心倾听他人的发言，坚定内在同一性，并专注于特定的生活形式等是不够的，我们还要在情感上认同这些行为——这并不是因为情感本身拥有任何权威，而是因为如果一种道德品质未曾引发你强烈的情感共鸣，未曾在你的灵魂上刻下隽永印迹，那么它大概率不会转化为实际行动。毕竟道德伦理不是一场抽象的智力游戏，而是一项客观存在的冒险，是决定你是否会实施某一行为的内在驱动力。要想拥有美德，亦即理智与情感的中道，从而促进道德行为的实践，那么对情感生活进行精心滋养是必不可少的——因为在坚持道德伦理的过程中，我们学会了为真善美萌生由衷的欣喜，对暴戾恶行避之唯恐不及，并因犯下错误而深感愧疚自责——道德情感帮助我们界定了行动框架，我们也因此在其中找到了真实的自我。此时我们对道德的理解不再停留于浅层的服从与遵循，而是与美德融为一体，达到至善，我们的行为就是美德的外化。但我们也需谨记，万物皆有度，情感上的过度敏感也会蒙蔽我们对道德实体的认识。基于此，我会接着从心理学层面探讨关于舍弃的价值。

第四章

棉花糖与跑步机

"棉花糖实验"（the marshmallow test）是心理学领域一项著名的实验，但其发生却很偶然。起初，首席研究员沃尔特·米舍尔想了解学龄前儿童在自制力方面的表现，于是他给孩子们提供了两个选择：一是获得即时奖励（一块饼干、椒盐脆饼或者棉花糖）；二是获得比前者更大的奖励（比如两块曲奇饼干），前提是他们得先等上 20 分钟才能开始品尝这些零食。孩子们必须单独待在斯坦福大学宾幼儿园（Bing Nursery School）的房间里，但他们可以做出自由选择。实验是在 20 世纪 60 年代进行的。多年以后，米舍尔在他的书中生动地描述了孩子们在犹豫要不要吃掉第一块饼干时的行为和神态。为了将自己的注意力从零食的诱惑中转移开来，他们表现出了惊人的机智。[1] 从某种意义上说，个人为了抵抗诱惑与自己的欲望顽强抗争，这一过程对人类的自我认知非常重要（可以参考伊甸园中亚当和夏娃的故事）。这个实验阐明了人类心理独特的复杂性。我们可能想立即吃上好吃的零食，但与此同时又存在矛盾的欲望——要不先别吃了？也许因为在节食，也许想待会儿能够吃到更多。后者就是呈现给孩子们的选项之一，用以测试他们的意志力。

孩子们创造性地抵抗诱惑的策略本身已经足够令人惊叹，但这个实验后来扬名世界，是因为几年后研究人员又找到当时参与实验的孩子，并向他们的父母询问受试儿童后续的行为表现和个性特质——而这一次的研究发现令人瞩目。后来人们也一直以"棉花糖实验"指代相关研究（尽管测试当时还提供了其他零食选项）。在1968—1974年期间有超过550名儿童参与了实验，此后这个实验又重复了多次。研究结果显示：孩子们在实验中延迟满足的时间与他们后续的SAT（美国学术能力评估测验）成绩呈现显著的正相关关系。不仅如此，这种延迟满足的能力被证明与受试者成年期（27～32岁）的一系列其他品格特质密切相关，比如自尊自爱、良好的压力管理能力以及实现关键目标的总体能力。研究者甚至发现，那些具有高度自制力的"满足延缓者"成年后的体重指数明显低于平均水平，且不易肥胖。

在一个简单的实验室实验中，年龄相对幼小的儿童展现出来的延迟满足的能力，居然能揭示他们后续的长期发展，这听起来有些不可思议。不过也正因如此棉花糖实验才得以闻名于世。之后该测试成了一种流行文化，在各种电视节目中重复上演，并不可避免地成为一些励志书籍的依据和基础，比如《先别急着吃棉花糖……还没到自我满足的时间！在工作和生活中取得喜人成功的秘诀》[①]（ *Do Not Eat the Marshmallow ... Yet! The Secret to Sweet Success in Work and Life* ）。[2] 其实在本书伊始，我就将当下野蛮扩张的发展文化描述为一种生态位，我们身处其中，时常被鼓动着去体验、去消费。我们栖居的

[①] 作者为乔辛·迪·波沙达，现有中文版本《孩子，先别急着吃棉花糖》（青岛出版社，2011）。——译者注

文化景观诱惑无处不在，也难怪很多人想要研究自制力及其重要性。但在读者想给自己或者孩子进行棉花糖测试前，我想做出提醒：米舍尔的这项研究的成果只是体现了统计学上的相关性，原则上它并没有提及受试个体的具体情况。即使孩子在测试中表现不佳，毫不犹豫地就把那块棉花糖吃了，也不意味着他就是一个"坏孩子"，他也可能成长为一个健康、聪明的成年人，在遵守这个竞争社会的游戏规则时游刃有余——如果这些规则确实值得遵守的话（我必须承认，我对这些不愿等待的孩子很有好感）。统计学上的平均值并不能确切地代表个人的实际情况。这些公布的统计数据往往也存在副作用，比如造成不必要的恐慌——当然，这取决于数据的呈现方式。例如，吸烟者罹患肺癌的概率是不吸烟者的 24 倍——这个数值代表患重病的风险将会大大提高。此外，虽然大约 90% 的肺癌病例是由吸烟引起的，但在吸烟者中，只有大约 16% 的男性和 9% 的女性会罹患肺癌 [3]，绝大多数吸烟者并没有患上这种疾病，还算幸运。我不是要在这里淡化吸烟的风险，举这个例子只是想说明，统计数据有多种呈现方式，这完全取决于你想要展现的内容。一个烟民是否真的会罹患肺癌，并不能从吸烟群体患癌概率增加的统计数据中得到判断和证实。对棉花糖实验的受试儿童而言，道理也一样。然而，在一切都要追求极致优化的现代文化中，针对样本的统计结果眨眼间就变成了一种值得推广的教育理念，各类励志书籍也跟风涌现，目的就是提高个人的自制力，根本不关注实际情况如何。

最近有一项对棉花糖实验的重复测试，由于各种原因，它引起了各方争议。心理学家塞莱斯特·基德和她的同事在米舍尔版本的实验结束三十多年后再次邀请一群孩子参与测试，但这一次有半数的孩子被分到一个善变的研究人员处——她没有遵照承诺增加相应的奖励；而余下的孩子面对的还是一位值得信赖的"大朋友"。[4]实验结果表明：因A组的研究人员出尔反尔，组中14名儿童只有1名愿意放弃即时奖励，为之后的双倍奖励等够15分钟；作为对比，由于B组的研究人员在孩子面前树立起了可靠的大人形象，该组中约有三分之二的儿童选择了延迟满足。研究人员由此得出结论：对人类生活至关重要的不仅有抽象意义上的自我控制能力，还有我们对世界和他人的信任程度。换言之，人类的道德行为并不单纯取决于自制力这一从个体身上分离出的单一品质，其同时也是对道德环境采取的应激对策——这很大程度上是一个环境问题：这个世界值得我信任吗？总的说来，新的研究并没有贬损米舍尔原先的实验结果，相反，它提供了新层面的解释，启发我们在评判何谓成功时，不能片面地站在个人主义立场上思考问题。个体的内在心理品质固然重要，但我们也必须观察他所处的环境和背景。[5] 如果一个人成长于毫无规律可循的善变环境中，他人对他许下的承诺很少或从未兑现过，那么，他很快就会不再信赖任何人或事；在面对款待和奖励时，他也找不到任何等待和犹豫的理由，他会当即出手先据为己有——想想那句古老的格言：两鸟在林，不如一鸟在手。若不知内里，你可能会觉得某些人的自制力很差，但实际上这可能是他总结出来的经验智慧，是他的理性抉择。

机会主义者

我以回顾"棉花糖实验"的研究过程和结果来开启本章关于心理学维度的探讨，原因在于这个实验提到了延迟满足的重要性：当下的舍弃是为了以后得到更多。做出舍弃的决定需要强大的自制力加持，但在米舍尔看来，自制力和肌肉一样，是可以训练出来的。而且据称自制力对个人未来成功的作用影响要远超智商因素（当然，这同样是针对样本数据的统计结果）。这确实有一定的道理，但棉花糖实验得出的结论只看重个人自制力的影响，却淡化了环境对个人影响的重要性，我对这一点持怀疑意见。此外，我也认为有必要用批判性的眼光重新审视这个实验的基本假设。我们为什么要提高自控能力，舍弃眼前的蝇头小利呢？按照实验的逻辑：人类是会受到奖励（及惩罚）激励的生物。因而在测试中做出舍弃的选择，是为了获取之后更大的奖励。但如果我们后续并不能因此获得更大的回报，却还必须自我节制和延迟满足呢？打个比方，想象一个孩子A（你也可以代入成年人）正和她的小伙伴B一起野餐，但B把自己的野餐篮弄丢了。此时A还剩下四颗棉花糖，她想一口把它们吃掉，但又在犹豫是不是应该把其中一半分给B——或者就分一颗——这样做更好。大多数家长可能期望孩子能在这种情况下学会分享。如果我的孩子懂得自发分享，那我会感到非常自豪；如果他们只想独占，那我也会强烈地敦促他们去分享。分享也许能让你受益——你的朋友可能会在未来某个时间点予以回报，但也有可能不会。无论如何，规范的道德社会化[1] 告

---

① 道德社会化（moral socialization），是指个体接受道德教育和社会影响，将社会道德规范逐步内化为个人道德品质的过程。在社会中为了维护人们的共同利益，协调彼此的关系，便产生了调节人们行为的标准。个人若遵守这些道德标准，会受到舆论的赞许并感到心安理得，否则就会受到舆论的谴责并感到内疚。当个人能够根据社会标准来行事时，就实现了道德社会化。——译者注

诉我们："做这件事会给我带来回报吗？"——这个问题对于行为的道德特性没有任何影响。[6] 只有自私的机会主义者才会不断自问这个问题。机会主义者很可能是所谓竞争社会中的精英人物，但从根本上说，机会主义与真正的道德坚守是背道而驰的。现代竞争型国家设置的职业岗位无一不在鼓励我们：不管是在教育还是工作上，都要（共同）为自身的专业能力和继续教育发展负责。在这个大环境的驱动下，善于投机取巧的机会主义者自然乐于挑起自我提升的责任，不断推进修习计划，并主动参与到社会竞争中去。[7]

棉花糖实验的研究结果之所以大受欢迎，可能是因为其思想基础中本就内置了机会主义和工具主义的逻辑。它让我们学会等待，无非是在为后续更加丰厚的回报做好狩猎准备。这是一种纯粹从数量化角度看待问题的方式，如果我们相信它，就有可能因此忽视了质性上的判断——而某些行为本就拥有优于其他行为的道德质性，数量的累计并不能改变相关事实。这让我们再次想起克尔恺郭尔的存在性定理："心灵的纯粹就是只想要专注于一件事。"只有"善"其本身（而非回报）成为你的唯一目的，你才实现了真正的专注。换言之，盛行于现代文化中的"付出就应当享有回报"（quid pro quo）[①]的思维惯式，连同机会主义在内，都与"心灵的纯粹"截然对立。这并不意味着自制力不重要。自我控制确为一种强大的心理能量，而且它与对抗诱惑的强大意志一道，都是育成舍弃艺术的基础。但我想强调的是，如果你当下克制的唯一目的是为后续获得更大的回报，那么自我控制只会成为一种空虚利己的练习。而只有在彰显自我存在意义及道德伦理意义的语境中践行自制力，才能真正发挥出它的价值。如果不考虑行为的道德内涵，那么对心理能力的训练很快就会沦为个人恣意满足自我欲望的手段和工具，即另一种形式的纯粹机会主义，或者工具性的励志自助。

[①] 拉丁语词汇，相当于 what for what，也有"一物换一物""交换补偿条件"之义。——译者注

欢迎站上跑步机

与舍弃艺术相关的另一个心理学领域研究的是人类幸福感，以及如何变得幸福的有效建议。近年来，各类幸福产业如同雨后春笋般涌现，大批心理治疗师、教练、咨询师和励志作家许诺：我们只需要改变自己的思考、感觉和行为方式，涅槃（超脱一切烦恼的境界）便指日可待。[8] 当然，这些产业的内在缺陷就是我在前文提及的个人主义化问题——因为幸福产业无可避免地会淡化个人所处环境和状况的重要性，转而宣称"幸福是一种选择"，并将不幸福的原因和责任简单归咎于个体没有做出正确抉择。然而事实真是这样吗？"万事皆如汝愿，你只需要感到幸福就好。"——我们当中极少有人能达到这个层次，这也相应地触发了一种不足感。我们不得不再次向幸福产业寻求精神安慰，而该产业也因此成长为一个自给自足、不断壮大的体系。然而批判地分析，真正的问题不在于我们不能永远保持快乐（毕竟生活有起有落，挫折与沮丧难以避免），而在于我们认为自己应当永远保持快乐，并不断地去追逐新点子和新概念，以持续提升自己的幸福感。我们甚至只能感受到一瞬间的快乐，过后便习以为常，并惊觉自己进一步渴望得到更多。

心理学将这种现象描述为"享乐适应症"（hedonic adaptation），或者更生动点——"享乐跑步机"（hedonic treadmill）。享乐适应症被正式且普遍地定义为对情感刺激的适应。[9] 也就是说，一旦我们习惯或适应了某种事物（无论好坏）的存在，它的特别程度就会逐渐降低，变得不那么好或不那么坏。我们看待世界的方式又回到了原先的起点。对某些刺激的适应能力很可能是人类心理和生理构造的一个普遍特征。例如刚从暴晒的户外走进昏暗的房间时，我们的眼睛什么都看不清，因其需要时间来习惯新的照明水平。在视觉系统完成综合调节后，我们便会恢复视力。这反映了人体系统的弹性趋势，即在遭遇变化时会做出相应的调整，但适应后又会恢复到原本的基准线。"享乐"一词源于希腊语中的快乐或享受。所以"享乐适应症"指的是我们的渴望程度或快乐级别在适应环境变化后又回复到平常基准线的趋势。此处的环境变化可能是正面的（比如彩票中奖），也可能是负面的（比如丧亲之痛）。当然，这只是统计学的相关数据，现实中肯定会存在例外。但一般说来，每个人心里都有一条相对稳定的快乐基准线，只有在感受到积极或消极的变化时才会暂时波动。一些著名的心理研究表明，即便一个人中了巨额彩票大奖，这个"掉落的馅饼"也只能给他带来极为有限的心理享受，其原本的幸福指数并不会因此出现大幅上涨。在日本也观察到类似现象：1958—1987 年间，日本民众的财富增长了五倍，但这一事实对民众的幸福感、满足感等主观感受并没有产生持久的影响 [10]——这就是享乐适应理论试图描述的状况。

如果你对这一理论设定的幸福理念提出质疑，我认为这很合理，因为它对快乐的定义原始而粗糙，不过是让个人对自己的主观幸福感进行简单的量化评级，比如让你按程度高低 1 ~ 10 级表达对当下生活的满意程度等。但类似研究确实也带来了些许启发。至少从表面上看，享乐适应症似乎也不失为一件好事，它意味着即便发生了什么不幸，你在短暂的痛苦过后还会恢复到先前的快乐水平（像个弹簧一样）。但不幸的是，享乐适应症有着更为险恶的另一面，这也是它的别名"享乐跑步机"的由来——无论多么正面积极的经历也只能让你感到短暂的快乐，而想要继续享受这种高亢的情绪快感，唯一的办法就是在"跑步机"上跑个不停。我们都体验过这种感觉：我们从内心渴望得到一样新东西，并为此努力存钱，花费时间精力在网上阅读相关评价，美滋滋地憧憬自己得到它时的场景。当梦寐以求的物品终于拿到手中时，我们简直欣喜若狂。但好景不长，我们的渴望又投向了别的对象——新鲜的、迥异的、更好的。有些人终其一生都在搬家，他们总是不满意现有的居住场所。在生活中，我们也常能见到一些"征服者"。对这些人而言，征服（合适工作或理想伴侣）的快感总是昙花一现，他们很快又踏上新的征程，去追求更高的职位薪水或更好的才子佳人。享乐跑步机的履带永不停止，我们发现自己一路跑来，越跑越快，就像瘾君子一样不断地提高药物的注射剂量，只为"一嗨到底"。

人类的欲望就是一个无底洞——这是哲学和科学史上最古老却也最一针见血的洞见之一。苏格拉底就曾在与学生柏拉图的对话中描述过这个问题（参见《柏拉图对话录之高尔吉亚篇》①）：

　　灵魂中承载了欲望的那一部分极易被言语挑唆动摇；

---

① 《高尔吉亚篇》（*Gorgias*），本书为柏拉图离开雅典前所写的最后一篇对话录。高尔吉亚（古希腊哲学家和修辞学家，约公元前483—前375）与苏格拉底在篇中争辩有关智者与哲学家的问题。智者学派秉持相对主义，认为雄辩术能够补足人类知识不足之处，柏拉图则提出了一种超越性的、完美的知识。智者们认为，为了要接触到更高的真理，哲学家必须依靠不断地辩论对话。而柏拉图认为，雄辩术是对话的变形，将创造出错误的信仰并伤害自身的灵魂。作为苏格拉底的对话录之一，这部作品体现了"柏拉图的苏格拉底"的哲学观点。作品在身体与灵魂、正义与权利的关系方面都有深刻的论述。——译者注

有些抖机灵的人（也许是西西里人或意大利人），玩起了文字游戏，并编造了一个故事。在故事里他们将灵魂比作一个"容器"……而那些愚蠢无知之徒的灵魂则被视为"有漏洞的容器"——这些浅薄的浪子意志薄弱，一旦他们萌生了欲望，那必然是放纵且不知节制的。他们的灵魂就像满是裂缝的容器，无论往当中装入多少内容物，都永远无法满足。[11]

苏格拉底把人类的欲望比作一个漏水的罐子：无论我们往里加多少水，水都会再次泄漏出来，留下的只有空虚的洞隙和难平的躁动，渴望得到更多、更多。无知之徒尤为如此，苏格拉底说道。既然哲学家们已经意识到了诸如"漏水的容器"和"享乐跑步机"这类问题，他们便试图借助理性的思考来改变人类与欲望的关系。几乎所有古老的哲学学派都曾针对这个问题进行了探讨和阐释，但其中最为著名的可能是斯多葛学派。斯多葛学派是活跃在古希腊和古罗马的一个哲学流派。在本书中我不再赘述其思想，如果读者想进一步了解，欢迎参阅我的《清醒》一书。可以说该学派对幸福的理解颇有些特立独行。针对"如何提升我们的幸福感"这一问题，现代心理学大多鼓励我们从积极正面的角度去思考（想象一下你将会实现的伟大梦想）并逐步拓展自我潜能。但斯多葛学派的侧重点不同，它更提倡从消极的一面去解读生命（想象一下你将失去所有），且坦承人生存在无可避免的挫折与限制中，而死亡是必然的终局（记住你终有一死[①]——这是斯多葛学派的一个基本劝诫）。斯多葛学派的信条在我们熟悉的基督教《宁静祷告词》[②]中得到了简要概括：

神啊，求你赐予我宁静，去接受我无法改变的；

求你赐予我勇气，去改变我能改变的；

求你赐予我智慧，去分辨两者的不同。

斯多葛学派强调：世界上确实存在某些事情是我们主观无力改变的，这也是为何我们要学会与之泰然共处的重

---

① 源于拉丁语 memento mori，也译作"记住你只是一个凡人"。——译者注

② 宁静祷告词（serenity prayer），作者是 20 世纪美国最著名的神学家、思想家、新正统派神学代表、基督教现实主义奠基人雷茵霍尔德·尼布尔。——译者注

要原因。你理应放下心结，也放过自己，而不是偏要勉强，投身于对自我优化永无止境的追求。

该学派的思想与柏拉图和亚里士多德的哲学体系一脉相承：比起无节制的放纵，它更珍视"限度"的价值。它灌输给我们的是一种基本的感恩心态——对现状的感恩，对所拥有的感恩，这种心态可以让我们停下在"享乐跑步机"上的狂奔，并阻止自我陷入"征服—成功—快乐—习以为常—新的征服"这一无限循环。这样一来，也许生活不会成为昼夜为继的盛大狂欢（这种快乐终究是虚幻的），但我们却能告别内心对更大、更好、更贵、更多的渴望，回归生命的质朴。谈到这里，我还要提请读者注意：世界上还有很多人，他们对"更多更好"的追求意愿是合乎理性的，我们要避免落入本书开头提及的"精英主义陷阱"。在肯尼亚，每天步行 16 千米去上班的人想要一辆自行车来提高自己的生活质量，这无可厚非。但对我这个已经过上丰裕生活的丹麦人而言，在看惯了自己的冬季和夏季赛车自行车后，又梦想拥有第三辆赛车就有点儿过分了——但我绝对需要一辆可计时的赛车，是吧？在斯多葛学派看来，拥有欲望和梦想本身并不会招致反感，但他们坚称，人类有责任考虑这些梦想的道德价值。我们不需要通过舍弃来证明自己拥有强大的自控能力。关键在于，我们应当能舍弃那些会威胁到自身道德操守或污染正直心灵的欲望，比如持续开拓新奇体验、狩猎新的关系、追求新鲜感等——这般行事只能给我们带来短暂而虚幻的快乐，过后我们还是得在"享乐跑步机"上一路亢进，至死方休。

防御性悲观主义 vs 积极思维模式

丹麦人已经连续几年蝉联幸福感国际排名的榜首（当然这仅基于简单的主观满意度量化调查），这听起来有些不可思议，但丹麦社会的高度平等、优渥福利和人际相互信任的关系无疑起到了重要作用。此外，还有一个原因也不容忽视：我们对生活的期望值相对较低。虽然我的观点带有猜测成分，但信奉詹代法则，该法则基于"你以为自己是谁"的自我拷问，规定一个人不应寻求超越自己；成功也被视为庸俗的）①的哲学文化以及较低的期望值，这在某种程度上让丹麦人形成了对失望和失败的免疫。我们在心理上早就做好了迎接负面结局的准备。也许我们养成了一种逆来顺受的文化习惯，并倾向于想象一切都将变得很糟糕。这样一来，当负面状况真正出现时，我们会更容易接受与应对。心理学上将这种策略称为防御性悲观主义（defensive pessimism）：想象最坏的情况，以此为逆境和失望做好准备。人们普遍认为，这种心理策略可以减少焦虑情绪。身为这一理论的拥趸，某位研究员甚至就此写了一本励志书，名为《消极思维的积极力量》(*The Positive Power of Negative Thinking*) **12**。

---

① 詹代法则（Jantelov，或 Jante's Law），指代内敛于斯堪的纳维亚半岛的哲学文化，普适于丹麦、挪威、瑞典、芬兰和冰岛等北欧国家，代表整个社群对个人的看法，包含十大基本法则：不要以为你很特别；不要以为你比"我们"温厚；不要以为你比"我们"聪明；不要想象自己比"我们"好；不要以为你懂得比"我们"多；不要以为你比"我们"更重要；不要以为你很能干；不要取笑"我们"；不要以为有人很在乎你；不要以为你能教训"我们"什么。詹代法则首次出现是在丹麦裔挪威小说家阿克塞尔·桑德摩斯的挪威语小说《难民迷影》中，作者用此法则来形容小说中虚构的丹麦小镇詹代（Jante），其中的人都彼此认识。——译者注

书名是对牧师诺曼·文森特·皮尔 ①《积极思考的力量》(*The Power of Positive Thinking*，1951）一书的致意——这本书大概是历史上最有名的励志书籍了，最近其再度成为新的热门话题并获得了广泛关注。唐纳德·特朗普的世界观大部分源于皮尔。皮尔生前供职于纽约市大理石学院教堂。当特朗普还是个小男孩时，特朗普家族就时常到该教堂做礼拜。¹³ 特朗普和第一任妻子结婚时，皮尔就是他们的证婚牧师。特朗普对皮尔给予了高度评价："他是历史上最伟大的人物""他说的话不会错，你只管听就是了"等。皮尔于 1993 年逝世，享年 95 岁，但他的精神被传承了下来——他的书就像一本励志的自助福音，创下了数百万册的销量，给世人的灵魂留下了深刻印记。即便像我们这些从未阅读过此书的人，在进行自我认知和解读时也不免会受到皮尔的影响。书中的章节题目是这样的："相信自己""如何创造属于自己的幸福""如何拥有恒定的能量""新思想的注入能让你获得重生"等。

---

① 诺曼·文森特·皮尔，世界著名牧师、演讲家、作家。他被誉为"积极思考的救星""美国人宗教价值的引路人"和"奠定当代企业价值观的商业思想家"，获得里根总统颁发的美国自由勋章。——译者注

而书中最为基本的，也是后来无数励志书籍和自我提升课程争相效仿的观点是：要从积极乐观的角度看待和思考问题，要相信自己能干成所有事情；态度远比事实重要，而你的态度必须是积极向上的。书中还有一章的标题为"我不相信失败"。特朗普已经将这句名言刻入骨髓，他明显从未想过自己会输。在2016年美国总统竞选期间，他就声称自己绝不接受输给希拉里的结果。这也从侧面反映出他对美国的民主进程和相关体制严重缺乏信念。有人评论说，特朗普这种志在必得的超级自信会导致灾难性后果。

特朗普表现出的夸张行事风格以及不为所动的超级自信，正体现了其积极的思考方式，以及他对更大权势、更多金钱和更高曝光度等贪得无厌的欲望。然而他的"积极"只面向自己，若谈及竞争对手，他只会从消极方面系统性地贬低和侮辱对方——这位"双标王"奉自我为中心却视他人如粪土。例如他经常在竞选集会上高呼"欢迎我成千上万的支持者"，还谎称参加自己就职典礼的人群非常庞大——达150万人之多，但实际出席的人数要比他声称的少得多，甚至有些是特朗普自己出钱请来救场的。从特朗普身上我们看到了积极思维方式被滥用的后果：只要足够确信，你的意识就可以创造出自己的"现实"。即便这一"现实"是虚假的镜中月、水中花，只要你不断地对自己重复它是真的，真正的现实也会向它低头屈服，朝着有利于你的方向修正——或者至少，你会成功地说服他人相信你。可以说特朗普式的积极心态与防御性悲观主义提倡的价值观是全然相反的。基于本书的分析，我认为特朗普代表的正是一种缺乏边界感的病态发展文化。在这种文化的误导下，人们容易失去敬畏之心，从而不甘于做出任何舍弃与牺牲。看看特朗普，他就是"我想要拥有一切！而且现在就要！"这一心态的象征。

在注意力涣散的世界里施行选择的暴政

"选择"对人类而言究竟意味着什么呢？心理学家巴里·施瓦茨是这一问题研究领域的领军者之一。他在《选择的悖论》(*The Paradox of Choice*) [14] 一书中总结了自己的研究成果：在生活中拥有更多选择听起来似乎是件好事，但其负面影响也会很快显现。施瓦茨以个人趣闻为例，在书中生动地描绘了人类当前深陷的"诱导消费"的文化景观。比如，他想买一份简单的谷物早餐或是一条休闲裤——这无非是一个普通的愿望，但他却像驶入了障碍滑雪赛道，层出不穷的选项就像赛道上的障碍陷阱，令他目不暇接，喘不过气来。我们当中很多人都去过咖啡馆，想点一杯咖啡，听到的却是各类咖啡品种的花名——全是陌生的意大利语。诚然，有选择是一件好事，施瓦茨并不否认这一点，但他借用大量的研究数据来表明：可选项越来越多并不总是好事。事实上，他认为，日益暴增的选择是导致西方社会抑郁症等相关心理疾病流行的重要因素。在他看来，现代社会在提供海量选择的同时，进一步强调个人主义和自我控制能力，这相当于剥夺了我们用以对抗抑郁症的情感疫苗，即我们对集体乃至整个社会的归属感和参与感，这是一个大问题，我们极易因此陷入身份焦虑（status anxiety）[1]。我们呕心沥血，疲于奔命，不过是为了赚到足够多的钱，再去购买合适的消费品——被现代文化视作值得追求、符合身份的商品。虽然抑郁症的成因很复杂，但也许就如施瓦

---

[1] 身份焦虑一词源于英国作家阿兰·德波顿《身份的焦虑》一书，指的是人们担忧自己无法与社会设定的成功典范保持一致，或因表现平庸而遭到社会不断降级的焦虑心情。在这种情绪的影响下，我们过于害怕失去尊严和他人的尊重，害怕自己比别人差。德波顿将焦虑的起因归类为以下几种：渴望身份、势利倾向、过度期望、精英崇拜以及不确定因素的制约。——译者注

茨所言，人们在当代遭受的"选择的暴政"（the tyranny of choice）是一项关键因素：过多的选择形成了暴政式的精神压迫——不做选择不行，做了选择又害怕犯错，在衡量机会成本和沉没成本的心路抉择中，我们战战兢兢，如履薄冰；加之社会越发强调个人责任——如果做出了错误的抉择，那你只能怪自己。在双重夹击下，我们如同那只原已不堪重负的骆驼，在驮上最后那根稻草后终于面临崩溃。当代人类已经习惯于相信，生活就是通过不断地打破束缚来实现个人梦想，而唯有这个过程才能让自己收获幸福与快乐。然而，在施瓦茨看来，幸福与快乐的主要源泉是健康密切的社会关系，以及可以提供心灵纽带的集体生活。切断与他人的所有联系而把自己封锁在社交孤岛上，并不能给你带来幸福，而且，只有与他人建立了正确、双向的正面联系，你才能收获幸福——这是我在《生命的立场》一书中坚持的观点，而施瓦茨也为此提供了科学依据。

但我有一个看法与施瓦茨相左。他认为，人类生活的世界拥有无限可能，继而提出了我们该如何开拓潜能、优化生存等问题。但显然这个假设前提本身就是错误的——虽然有些人生来就享有较之他人更多的选择权，但事实上没有人能做到潜能无限。即便在丹麦这样一个相对平等的国家里，社会和经济上的不平等仍会通过社会规范和教育制度得以重现。断言每个人都拥有无限的可能性，实质上是在将一个缺乏实证支持的意识形态固定化：有些人明明是不平等政策的受害者，囿于环境或条件限制无法企及设定的高度，却被责怪没有完全发挥出自己的潜能，这是不公平的。但施瓦茨有一个方面说对了：就算每个人都拥有无限的可能性，这也是一个相当悲惨的事实——因为拥有过多的机会和选择权也会带来破坏性的影响。他在书中呈列了大量科学文献似乎就是为了佐证这个观点。

施瓦茨想帮助他的读者远离选择的喧嚣，他的书也尤其与舍弃这一主题相关，为此他提出了五点建议。

（1）即便你拥有自由选择权，也不应就此放任欲望脱缰，而应当有意识地给自己设限，这样你会活得更舒坦。这就要求我们能自觉而欣然地接受生活原本的模样。在下一章中我会就如何诗意地做到这一点（成就生活的艺术）提出建议。

（2）与其在追求"最好"的路上寻寻觅觅，不得其所，不如泰然地接受"够好"的选择，这样你会活得更舒坦。如果什么都想要最好的，那么我们永远都得不到满足。因为"最好"总会随着环境和主观感受动态变化，就像芝诺悖论里的那只乌龟，永远都不可能被追上。所以施瓦茨建议我们成为"知足常乐者"，而非只对"最好"感到满足的"完美主义者"——他宣称，完美主义者更容易罹患抑郁症。

（3）如果你能够降低对自我决策结果的期望值，那么你会活得更舒坦。你可能有过几次顺遂的成功经历，让你觉得自己就是命运的掌舵者。这种经历越丰富，你就会越发相信自己无所不能。但这是一个恶性循环——要知道，在大多数情况下，生活并不总尽如人意，一帆风顺。

（4）如果你做出的决定是不可撤销的，那么你会活得更舒坦。既然后悔不会对事态的发展产生任何影响，那么你便不会常常纠结于自己是否做出了正确的决定。

（5）如果你不过分地在意周围的人正在做什么，那么你会活得更舒坦。但人类要做到这一点非常困难——我们是出了名的社会性动物，常与他人较长短是一种竞争本能。

施瓦茨的基本观点是，奉行完美主义，对任何事情都追求极致，这将会毁掉我们的生活。因此他建议，我们应学会妥协，学会知足常乐；即便大概率能收获美好结局，也应学会降低相应期望值。这样一来，你会活得舒坦自在，恬然安适。相比之下，"几乎不设限的自由选择权"听起来虽令人神往，实际上却是一个巨大的陷阱。且从根源上说，它与人类真正的幸福快乐是相悖而行的。

此外，诱人的消费社会呈现出的自由选择权是一回事，而新数字技术带来的实际干扰又是另外一回事。来自美国纽约大学的心理学家亚当·奥尔特曾就此写过一本发人深省的书[15]，他在书中描绘了人类不得不与层出不穷的诱惑共存共生的社会奇景。现在许多人都拥有智能手机和平板电脑，我们可以随时随地访问无限量的数字信息；流媒体服务的接入也很方便，我们可以随时随地观看几乎涵盖所有内容的视频；发薪日贷款、信用卡再配合洗脑广告发起动人邀请，我们可以随时随地无忧下单——买买买！在脸书（Facebook）的信息投喂里迷失自我简直太容易了，因为这一社交软件本就被设计成了无尽的信息旋涡。你的手机屏幕有边界，信息的更新可没有边界——它们总能赶在你看完当前页面之前蹦到你的视线里——你不是在下拉浏览帖子吗？且让这个动作无限进行下去吧！电视连续剧也是如此，"为您自动播放下一集"已经成为默认设置，我们必须艰难地下定决心去把电视机（或其他播放器）关了，否则就得永远走在前往"下一集"的路上。连续剧的情节也是经过精心设计、一环紧扣一环的，最精彩、最高潮的部分总是安排在每一集的结尾，吊足你的胃口，非得再看完下一集才能过足瘾。以我个人为例，我从电脑游戏《文明帝国》（*Civilization*）中得到了不少愉悦兼沮丧的体验，这个游戏的口号是"再来一回合"，但我发现只要开始玩，我就不可能停下来。

时而是飞入云端般的快乐，时而是坠入地狱般的痛苦——这种坐过山车般的情绪体验，正是我们为自己创造出的数字生态的重要特征。能够时常翻阅到家人、朋友或熟人发布的新动态，我们会开心兴奋，因为热衷于社交是深深刻在人类基因中的本能。而电视连续剧通过扣人心弦的情节设计和精美考究的画面布局给我们带来了审美享受，于是大多数人醒着的时间都被手机、平板中的应用程序和花里胡哨的电子屏幕所占据。我们有多久没有再去欣赏森林的鸟语花香或田野的风和日丽了？一些研究甚至表明，人类盯着屏幕的时间比睡觉的时间都要长。奥尔特认为，数字生态圈的出现给人类带来了巨大的社会问题——我们对科技、游戏、应用程序和电视连续剧疯狂成瘾，难以戒断。在《不可抗拒》（*Irresistible*）一书中，他强调了数字文化的反面作用，这种不断邀请人们通过鼠标点击、屏幕滚动、检查更新和视频观看进行享乐体验和线上消费的文化形式，不仅会让我们对电子产品形成心理依赖，还可能导致我们失去重要技能——尤其是沉浸式社交技能和共情能力——因为这种能力只有通过近距离的身体接触与互动，主动去观察、了解他人才能形成。这种趋势造成的后果之一便是，自发地从数字文化中脱敏排毒成了一种可遇不可求的奢侈品。有经济实力的人宁愿花上很多钱，去往那些远离数字技术喧扰的清静之地（比如在修道院里冥想或是去野外徒步），或是送他们的孩子到精英学校接受教育——在那里，iPad 等电子设备是异端，老师只会用黑板和粉笔教学。值得一提的是，据称苹果的创始人史蒂夫·乔布斯，他在热情地向我们这些消费者兜售 iPad 的同时，却不让自己的孩子使用该产品。

那么，解决方案是什么？在我们家里、学校和工作场所营造一个清静的高地，让其少一些来自电子产品的诱惑与侵扰？当然，我们自己就可以行动起来。停止为床边的智能手机充电；深夜时该睡就睡，不要再玩手机；关闭手机的信息通知等，因为有证据表明以上行为都会扰乱我们的睡眠。以家庭为单位反思这些电子屏幕的诱惑（成因和解决方案），如有必要，应当引入相关设备的使用规则。除此以外，我们还应该在集体组织层面采取措施，比如工作场合——可以引进新的电子邮件政策，对每日发送的信息数量进行限制；或对何时应当使用邮件通知做出规定等；还有教育机构——教育者的当务之急是消除孩子们对数字化的依赖和迷恋。现下的主流思想认为，所有教学内容都应当通过平板和笔记本电脑传授才更有效果。但事实并非如此。一项针对大范围受众的研究结果表明，在学习知识时，实体书的效果明显优于电子设备，因为电子屏幕会让近距离阅读和注意力集中变得更加困难。[16] 当然，我们也可以静坐下来，强化自制力的训练——先别吃那块棉花糖——但只要我们生活在这个满是诱惑的环境中，意志力的抵抗斗争终会宣告失败。我们必须构建起另一道文化风景线。这也是本书下一章，即最后一章将要探讨的主题。

第五章

舍弃的快乐

前几章,我分别从政治、人类存在性、道德伦理和心理学这四个维度举例论述,以证明掌握舍弃的艺术的重要性。我希望当中至少有一些论点可以触动你并唤起你的共鸣。如果你已经发自内心地认同这些观点,那么你应该明晓:学会适度舍弃,不仅具有政治上的正当性,还能彰显道德的社会价值与效应。它让我们变得豁达开朗、心明如镜,得以在专注与纯粹中找到自我存在的核心意义。不过,上述论点并不一定都具备实操性,有时也会略显无趣。因为我把重点放在对品德及其必要性的论证上——具体反映为:简朴、寡欲、节制(消极词汇);以及专注、德性、坚持(积极词汇)。在某些人看来,这种生活方式似乎沉闷无趣,让人不快。它能给我们带来愉悦与幸福吗?它具备生活美学吗?——这就是我在本章要讨论的主题。我认为，"断舍离"可以成为深度愉悦的源泉。我将本章的题目定为"舍弃的快乐"（JOMO，Joy of Missing Out），是有意与令人窒息的 FOMO 即前文提到的错失恐惧的心态形成对比。我们无须害怕错失——相反，我们应为自己能活得简单、舒心、专注、纯粹而庆幸。实际上，无论做什么事，我们总有难以周全的时候，所以追求一切完美是一种傻瓜的行径。承认这个事实就是在实践 JOMO 心态，而非 FOMO 心态。

简约之美

一般说来，大多数人都能舍弃错综复杂的凌乱，转而专注于简单之美。毕竟美丽与复杂性成正比的情况少之又少。相比那些杂糅了高难度语言结构和句法的长诗，一首简短的仅由十七个音节组成的、遵循一个严格的句法模式的俳句[①]，却也一样清丽动人。相比一部多声部的宏大乐曲，几句简单的旋律经由一副美妙的嗓音来歌唱，

[①] 俳句（はいく），一种日本古典短诗，由"五—七—五"共十七字音组成，以三句十七音为一首，首句五音，次句七音，末句五音。俳句是由中国古代绝句诗歌形式发展而来的。——译者注

再配上一点儿清新的伴奏，却也一样婉转动听。科学领域公认，最简单却也最和谐的理论及依据展现出最为质朴而深邃的美感，也往往在研究中起到提纲挈领的作用。一个著名的例子是 DNA 螺旋结构，发现者之一弗朗西斯·克里克称之为"格调优雅的分子结构"。大量证据显示，正是 DNA 相对简单却又漂亮生动的双螺旋模型吸引了大众的注意力并促进了相关理论的广泛传播。

艺术的创作和科学的发展并不会因非必要的复杂化得以改善，只不过有时为了给尚待厘清的问题做出足够精准的描述和解释，相对复杂的措辞是很有必要的（就像法律文书的写作一样）。关键是，决定复杂程度和精度范围的根本要素是物质或研究对象本身。在数学领域，一定程度的精确完美是可以实现的，但在伦理学和心理学领域则不可能做到，因为后者要研究的是更复杂的、关于"人"的非结构化问题，这并不能简单地用模型或公式表达。在亚里士多德看来，一个成熟的智者不会要求目标对象去实现其力所不逮的精确。能够简约精准地解释一个概念固然是理想情况，但要做到一针见血则需要丰富的经验积累，这并非易事。在我从事的心理科学研究领域，简约精确的沟通能力很明显与资历的增长和洞察力的发展成正比。学生在写作大学期间第一篇学术论文时普遍存在以下趋势：写作异常困难，且遣词造句间充满了浓浓的学院做派；相比之下，资历见长、经验丰富的教授们大部分（注意，并非全部）都已形成更为轻快简洁、优雅有度的写作风格。所以，能以通俗易懂的方式来解释复杂晦涩的问题，这本身就是一门艺术。

在艺术和科学领域，简约的美学有助于信息的精确传播。虽然很多人会认为艺术顾名思义就是狂野直观的，而唯有科学才具备方法论意义上的严谨精密，但事实并非如此。很多证据（包括艺术家们在谈及自身艺术实践时的感悟）都表明，艺术的创作也是系统的，可以说正是规则框架和创作形式的存在，让艺术的创造力得以迸发流动，生生不息。[1] 不受约束地放飞自我带来的不是自由，而是禁锢与瘫痪。因为一旦失去框架的支持，我们就会落入真空——在那里，我们的行动与呼唤一概得不到回应。丹麦诗人兼电影制片人约根·莱特曾多次说过，"遵守游戏规则"是实现艺术自由的先决条件。在2016年的访谈节目 [2] 上我们有过一次会面，他再次向我强调了这一点。正是规则的存在提供了一个坚实的框架支持，才让艺术家们得以发挥想象，汲取灵感，有条不紊地描绘自己眼里、心里关于世界的模样。莱特说，艺术就是建立在规则基础上的"妙手偶得"（the gifts of chance）。为了创造美，艺术家必须要对自身做出限制。他借用自己的信条——"生活很有趣，我想读懂它"，以及"我一无所知，将上下求索"来表达这种哲思。[3] 在莱特看来，艺术家也是研究世界的人，艺术并不单纯是情感的主观倾泻，也是探索和理解生命现象的尝试。从某种意义上说，艺术家和科学家虽采取了不同的研究方法，但他们的目标大体是一致的，即探索世界、探索自我。布罗尼斯拉夫·马林诺夫斯基 [1] 是田野调查法的先驱。他是第一个主动走出去生活在他想了解的族群当中的人类学家，他通过搜集记录第一手资料得出研究结论。而莱特正是这一实地调查方法的忠实拥趸，在此基础上他为自己的艺

---

① 布罗尼斯拉夫·马林诺夫斯基，生于波兰，英国著名人类学家，现代人类学的奠基人之一，倡导以功能论的思想和方法论从事文化的研究，其著作《西太平洋上的航海者》典范地展示了现代田野工作与民族志写作方法。——译者注

术实践制定了四个步骤：确定目标领域，圈定界限框架，开展调查研究，撰写结论报告。

如果这个方法是有效的，那么选择和划界的过程就是专攻某一艺术实践的先决条件。乱花渐欲迷人眼，要想看到真正的价值所在，我们必须做出舍弃，排除干扰。这一点不仅适用于艺术创作，也适用于我们的日常生活。生活既可被视作一个研究世界和学习技能的科学项目，也可被视作一个艺术项目。法国哲学家和历史学家米歇尔·福柯就将生活称为"存在美学"（the aesthetics of existence）[4]，他通过系列论述呼吁我们重新学习和运用古代哲学中关于生活艺术的概念，因其代表了真善美三位一体的化身。福柯鼓励我们将生活视作一件艺术品：一方面它提示我们，如果在进行艺术创作时忽视了自我对他人的义务，该作品就会朝着危险且不负责任的美学倾向分崩离析；另一方面，这一观点也可视作对勒斯楚普"成形的意愿"的呼应和反思——在勒斯楚普看来，成形的意愿是人的自然本能，是让自我存在变得完整充实的精神驱动力，且与合乎道德的生活方式密切相关。

从这个角度出发，将美学正确地理解为生活艺术（而个体生命就是当中的艺术品）是成就道德的先决条件（而非障碍）。在缺乏审美取向的生活形式中，我们不可能实现自己的道德义务。所谓无规矩不成方圆：没有约束的存在，责任也就无从谈起；没有规则的存在，游戏也就无从玩起——因为在一个没有任何限制的世界里，强者不会顾及他人福祉，只会自行其是。

意志的约束

那么，我们如何赋予生命以形式呢？从某种意义上说，这正是本书前面章节意图从各个维度反思和探讨的根本问题。相信看到这里的读者已经熟悉我从政治、人类存在性、道德伦理和心理学层面分别给出的答案。在这里，将答案归为两大类是较为合理的：一类是关于意志的约束；另一类则涉及人类生活的背景环境及人际交往关系。可以说，前者试图通过意志行为"直接"塑造生活，而后者则更多的是通过环境要素"间接"影响生活。

我们首先来讨论直接方法。在上一章中，我向读者介绍了心理学家巴里·施瓦茨及其主要观点，他对现代社会施行的"选择的暴政"予以强烈抨击和谴责。在他看来，现代人类高歌颂扬自己拥有几乎无限的选择自由，就好像这是什么了不得的好事，全然无视我们面临的选项到底是什么。这无疑是荒谬的，因为比起在一千个糟糕的选项间徘徊，任何一个理性人都愿意只在两个优选项间做出选择。但假设我们当真拥有无尽的选项呢？在这种情况下，我们该如何决定放弃哪些选项？我们如何通过意志的约束以实践自我节制的艺术呢？施瓦茨本着励志精神，就解答这些问题给出了大量建议。我挑选了其中几项进行解释和扩展[5]：

- 决定何时应当做出选择。不要把生活中的每件事都变成需要抉择的难题，这样你将会不堪重负。在绝大多数情况下，你只需要依照习惯和例程行事即可，这没有任何问题。如果生活无常善变又无惯例可循，那么它将是难以忍受的。

- 说服自己，那些"只有最好，没有足够好"的想法是无稽之谈。当所得已经足够好时，我们就该学会满足。如果你总是追求"最好"，那么你就无法将踏实的幸福紧握在手中。事实上，"最好"这一概念会导致审美绝望，你注定永远不会安于现状，转而在欲求不满的焦躁中寻寻觅觅，却终不得其所。但如果你坦然地接受已经足够好的现实，那么你将会畅享知足的快乐，也不会因与他人的对比落差将自己置于不幸的境地，终日嗟叹。

- 让你做出的决定不可撤销。"惶惑于你的爱情是否真切，纠结于你的性关系是否高于标准价值，琢磨着自己是否还可以做到更好，都是自寻烦恼，庸人自扰。"——施瓦茨写道。[6] 在做出决定后，你不应随意撤销，出尔反尔，即便你拥有反悔的机会，也不可违背承诺。而在牵涉责任的人际交往关系中，信守诺言尤为重要。

- 感恩练习。这一点知易行难，却非常重要。也许克尔恺郭尔关于"百合花与飞鸟"的哲思，又或是吉尔斯台兹对大树的赞美诗能够作为你践行感恩的灵感来源？其实很多文艺作品都讴歌了自我节制艺术的美学价值。

- 快乐就是顺势而为的"愿者上钩"。即便你只是粗略浏览过我对"享乐跑步机"这一概念的介绍，你也会对"达成所愿的心理效用"有个现实且清醒的认知。无论我们多么渴望得到某样东西，但在真正得手后，满足的快乐也只不过能维系短暂的时间，过后便又恢复到平常的情绪基准线水平。认识到这一点能让我们免遭失望——比如在入手了一辆特色新车或度假小屋后，又或是与新对象坠入爱河后，我们发现好像也不过如此，这些都很难引起我们原本期待着的深刻而持续的快乐。

- 拒绝攀比的冲动。人类可能会发现，要抑制自己与他人进行攀比的冲动非常困难。但你若能意识到自己存在攀比的倾向，这至少会让你对整体情况保持掌控。是的，邻居花园里的草似乎更绿——但这时也许你更应该去修剪自家草坪，或者和孩子们愉快玩耍，而不是紧盯着邻居花园的篱笆。要勇于质疑那些自以为是的论调。人生道路各异，成功的定义和方式也不尽相同，不必将世俗意义上的功成名就奉为圭臬，你能活得开心，便已足够精彩。在此我想向读者分享几个小秘密：我真的很喜欢我们当地超市里卖的最便宜的牛轧糖冰激凌。我吃过的最美味的"大餐"是7-ELEVEN便利店里的香草包，那还是某天晚上我聚会结束后在回家方向的公交站台和朋友一同分享着吃的。就在那个地点、那一时刻，那个可爱的香草包为我的身体提供了所需的脂肪、盐和咸鲜味，这就够了。少真的就是多。

• 学会接受不足和局限性。这既是本书的焦点所在，也是施瓦茨在书中给出的最后一点建议，这反映了他对人类自我约束能力的坚定信念。但仅凭自我意志去实践节制几乎是一个悖论。盛行多年的个人主义思想潜藏着一个致命弱点：我们总以为自己无所不能，却忽略了集体及环境的强大力量。个人真的具备足以对抗社会洪流的坚强意志吗？在这个纸醉金迷、诱惑无穷、不知节制为何物的世界里，个人真的能够独善其身吗？或许真有人能做到，但这毕竟是少数。况且他们也有可能只是看了几本励志书籍依样画葫芦罢了。对大多数人来说，间接方法，亦即通过齐心协力改善整个社会的文化生态才更具效益。换言之，在要求个人陶冶自身品行的同时，更要构建一个由协会、体制、组织、科技、家庭合力打造的文化生态。这也是我接下来要讨论的内容，就是生活应当采取的形式。

通过具备仪式感的实践创造美学文化生态

我们如何才能营造出一个健康的文化生态，以促使人类舍弃那些无足轻重之事，将注意力投向生命的真正价值所在呢？答案还是美学，而社会生活的美学往往反映在仪式当中。人类学家玛丽·道格拉斯[1]将仪式描述为社会关系的

---

[1] 玛丽·道格拉斯，英国人类学家，涂尔干的追随者与结构主义分析的提倡者。（涂尔干为社会学确立了有别于哲学、生理学、心理学的独立研究对象和方法，即社会事实。他认为，社会事实具有不同于自然现象、生理现象的特征和特殊的决定因素。它先于个体的生命而存在，比个体生命更持久。它的存在不取决于个人，是先行的社会事实造成的。社会事实以外在的形式"强制"和作用于人们，塑造了人们的意识。这种"强制"既指人们无法摆脱其熏陶和影响，又指对于某些社会规则拒不遵从将受到惩罚。涂尔干认为，一切社会的观念都具有这种强制力；而人类大多数的意向不是个人自己生成的，而是在外界的引导、熏陶和压迫下形成的。社会高于个人。）代表作为《纯净与危险：对污染和禁忌观念的分析》。——译者注

法规，它能让人类进一步了解自己所处的社区。⁷ 这些法规具有重要的美学意义，是因为仪式（比如在教堂、婚礼或议会开幕式上的致辞）的存在能触动人心，并提醒我们身处的社会环境和舆论约束。道格拉斯认为，正是仪式维持着社会的运转。没有仪式的社会并不是一个合理的社会——确切地说，是一个人民难以理解的社会。正是仪式给社会生活赋予了形式。如此看来，现代社会近几十年的"去仪式化"趋向（社会学家称其为deritualisation）是令人哀叹的悲剧。有些人预测"去仪式化"现象会解放个人并让他们拥有创造性自我表达的权利，但我实在难以想象，无法以任何形式获取自由的"自由"到底是什么。一旦人类抛弃了仪式（及其带来的环境和舆论约束），就有可能遭遇勒斯楚普警告的"无形式的暴政"。

社会学家安东尼·吉登斯^① 认为，现代社会的运作基于

---

① 安东尼·吉登斯，英国社会学家、思想家。他建立的"结构化理论"在全球学术界产生了举足轻重的影响，而其提出的"第三条道路"则深刻影响了20世纪末期西方政治发展的方向；同时，他还将"现代性""全球化"推向了全球学术研究的中心。被誉为布莱尔的"精神导师"。——译者注

"开放的经验阀"（open thresholds of experience）而非仪式化的过渡历程（ritualised transitions）。**8** 在这种情况下，仪式作为外部参照物（external points of reference）之一的作用和影响正在逐步减弱，而且据称我们自己做了绝大多数的决定。① 许多有关生命重大转折点的仪式性活动（如出生、成年、结婚、死亡等）都已开始衰微，不可否认，现仍残存一些仪式来纪念这些转变，但它们似乎已然失去了原有的象征意义，越发凸显"刻意设计"的特征，参与者甚至怀疑这当中是否存在真正的仪式——如果有，那仪式采取的是何种形式？这一点，也许在孩童完成向青少年乃至成年转变的典礼（如坚振礼、受诫礼②等）、婚礼和生

---

① 安东尼·吉登斯在《现代性与自我认同》第五章"经验之封存"中谈到，在传统社会，生命循环带有强烈的复活意味。在本质上，每一代人都会再次回归和经历其前几代人的生活方式。但在极盛现代性情境下，复活失去了其原有的重要意义，人类活动仅在具备反思合理性时才会重复。生命周期愈发脱离与其他个体和群体的固有联系，甚至成为一座"孤岛"，主要依靠个体规划和个体决策，从而使人类失去原本在传统社会拥有的、依托于各类参照物（如故乡、本土社会、仪式等）上熟悉的安全感。——译者注

② 受诫礼（bar mitzvah），为年满13岁的犹太男孩举行的成人仪式。——译者注

育分娩（参考"设计试管婴儿"①的相关概念）中体现得最为明显。个人已经成为消费者，被期望从现有的菜单中挑选选项，以此拼凑人生。相应的结果便是，没有什么被视作天经地义，没有什么被奉为神圣仪式，我们因此失去了敬畏之心，变得随性：反正生活的大多数方面都可以重新考虑，选与不选也没多大关系，做出了承诺还可以撤销重来。基于这个现象，吉登斯做了延伸分析：现代社会场景中仪式的相对缺乏，使得个人在应对上述生命转折点时缺少一种重要的心理支持。他指出，个人成长过程中经历的传统仪式能让"相关个体接触到更为宏广的宇宙力量，并将个体生命与更为包容的存在性问题联系起来"。[9]

社会的"去仪式化"趋势打着"个性化"和"展现真实自我"的旗号进一步削弱了个体之间的纽带，也虚化了生命的道德框架。然而，这是一个冒险的尝试，因为所有社会

---

① 设计试管婴儿（designer baby/birth），指为确保出生的婴儿具备某些可喜特征、长处或者避免某些缺陷，利用植入前遗传诊断技术和基因筛选技术人为地对婴儿的基因构成进行编辑的生物技术。该技术引发了伦理界的巨大争议，有关人士认为这种生物技术将婴儿变成了商品，有损生命尊严。——译者注

都需要一定的仪式将个体凝聚在一起，共同开展文明开化的社会活动。仪式能促成我们以富有成效的方式相互交流，在公共场合遵照某些仪式化模板行事也并非不切实际或粉饰太平的做法。哲学家安东尼·霍利迪基于道格拉斯的观点做了进一步拓展和讨论。他认为，对仪式的尊重体现了一种普世的道德价值。[10] 当然这并不意味着每一项仪式都具备道德价值。只不过在一个缺乏仪式感的社会里，道德是不可能存在的。在霍利迪看来，只有接受和尊重某些仪式，包括言论自由权和集会自由权（公民权利），我们才能保持道德品行。霍利迪于 2006 年去世，他清楚地知道自己在表达什么——作为一名南非公民，他毕生致力于反抗种族隔离和政府滥用权力恣意妄为。在流亡英格兰前，他在监狱里被关了六年。在奥地利哲学家路德维希·维特根斯坦[①] 语

---

① 路德维希·约瑟夫·约翰·维特根斯坦，分析哲学创始人之一，20 世纪最有影响力的哲学家之一，其研究领域主要在数学哲学、精神哲学和语言哲学等方面，曾经师从英国著名作家、哲学家罗素。——译者注

言哲学①的启发下，霍利迪指出语言应该被解构为"一种生活形式"。他认为只有在某些普世的道德价值观（包括真理、正义和对仪式的尊重）得以运用的前提下，才有可能形成文雅而富有教养的语言生活形式。基于这个分析可以得知，没有仪式就不可能产生道德，因为仪式是语言共同体（linguistic community）②的先决条件。这再次印证了，个体（包括群体）生活的美学形式与人类是否能够建立起合乎道德标准的生活方式密切相关。

---

① 语言哲学，是基于当代西方哲学家对语言现象的研究衍生出的分析哲学的一个支派，因其以现代数理逻辑的运用为基础对语言进行逻辑分析，所以被称作语言哲学。它是现代西方哲学中影响最大、成果最为卓著的一个哲学流派。维特根斯坦在《逻辑哲学论》中指出，哲学必须直面语言，"凡是能够说的事情，都能够说清楚；凡是不能说的事情，就应该沉默"，哲学无非是把问题讲清楚。而日常生活的语言正是哲学的基础和源泉。——译者注

② 语言共同体是语言公共性特征（essentially public character of language）的体现。使用语言，也即正确使用词和句子意味着一种能力，即掌握使用规则的能力，而规则是由语言共同体成员普遍同意并接受的（约定论），遵守规则意味着，使用语言是一种公共性活动。个人经过训练而学习语言的过程，就是一个主体间互动的社会化过程。这就意味着不可能存在一个孤独、封闭、无他人和无世界的先验主体（参考维特根斯坦"私人语言论证"）。——译者注

正因如此，人类必须努力创造一个内置美感仪式的文化生态，以育成道德行为和道德生活。其实，在世界所有文化当中都不同程度地存在着各类仪式，比如日本茶道、生日时唱《生日快乐歌》并吹灭蛋糕上的蜡烛等。仪式的作用就在于在特定情况下将集体注意力共同汇聚到某件重要的事情上。而每个人都可以设法建立属于自己的日常仪式感，并借此赋予生命以形式；同理，集体生活（尤其是在工作场合和教育机构中）也可以倚靠仪式增强团体的凝聚力、向心力和荣誉感。在整个社会层面构建起健康的美学文化生态（而不是单纯地寄希望于个人运用内在意志力）更有利于人类抗衡对各类科技进步的过度依赖（本书第一章讨论过这个问题）。有时心理学技巧的训练——例如培养良好的习惯和强大的意志力，并不会特别困难。亚当·奥尔特就在他的《不可抗拒》一书中提到，如果我们总是让自己身处各类诱惑当中，那么向诱惑屈服投降便不足为奇。相反，如果我们将周围环境中的诱惑清理干净，那么我们就会更容易找回自己的意志力。所以，解决问题的关键在于构建一个宏观的文化生态——这也是人类植根理想、脚踏实地，回归《清醒》一书之基本隐喻的前提条件。如果没有可供扎根的文化土壤和理想追求，那么我们难免会成为随波逐流的浮萍。法国哲学家、无政府主义者和神秘主义者西蒙娜·韦伊就指出："扎根"明明是人类最重要的需求——但这一点却最不为人所知。[11]她就这个主题创作了《扎根：人类责任宣言绪论》（The Need for Roots）一书。可惜她在第二次世界大战期间因肺结核和饥饿英年早逝。人类面临的许多问题不仅源于缺少"根之所系"，更是因为缺乏对扎根重要性的认知。而正是部分借助仪式之力，我们才能发现扎根的价值。但是我们该如何植根理想、脚踏实地呢？在前面的论述中我已就意志的约束给出个人层面的建议，在此，作为补充和最后的总结，我将呈列具有实操意义的建议供读者参考：

- 整个社会应当认识到，学习过往历史，赞赏文化传统并不妨碍个人自我表达的自由。学校和教育系统不该因此忧惧重建和再现历史经验。了解社会发展的根本基础并不是反动行为，相反，正是基于这一先决条件，我们才能认清"生活是在集体社群中进行的"这一事实。现如今，许多人选择在破旧与创新中寻求希望，但如果这种实践是个人主义倾向的，生活就缺失了形式或限制。为了让自身能以更切实可行的方式进行创新思考，我们首先得有历史的大局观，能够分辨自己所属的历史周期和位置，亦即顺应时势而不恣意妄为。可以说，现代社会对灵活创新、主动出击、乐于接受变革、善于自我管理的理想人设的追求，催生了一种不愿舍弃与错失的内在情感驱动。[12] 最近我阅读了一篇北欧 DareDisrupt 咨询公司发布的文章，作者作为未来学家，在文中概述了未来社会所需的人才类型，并指出：为了跟上时代步伐不被社会淘汰，"我们需要终身学习与自我发展"。[13] 他还预测，我们需要成为程序员、创新者、管理者、看护者、企业家和艺术家。而这当中，除了看护者，其他所有角色都要求勇于变革创新，不断打破原有限制，开辟新视野，自我更新和自我发展。然而文章少有提到维持社会现有秩序或重现传统文化价值。按照社会的理想标准评判，艺术家最好能不断地重塑自身，展现新的艺术形式；企业家最好能不断地创立新公司，开发有价值的新项目。只要一个项目步上正轨，开始发挥效益，你就该着手准备下一个新的、不一样的项目。

不可否认，社会上真的有这类永不知疲倦、视工作为生命的理想工作狂，但对绝大多数人而言，这种做法并不可取。尽管如此，我们却只能被迫在绩效评估会上，在自我提升课上，或是其他类型的发展实践上努力实现这种"完美"的标准。但由于发展目标的特性决定了事实上"没有足够好，只有更好"，所以我们时常遭遇挫败，承受巨大的压力，精神上也疲惫不堪；又或者因对自己的无能感到沮丧，我们开始玩起了扯淡宾果（Bullshit Bingo）的游戏：经理、教练或顾问不是针对创新变革的需要夸夸其谈、口若悬河吗？那么我们就把那些空洞无物的陈词滥调照搬过来鹦鹉学舌呗！[14]

如果回归先前艺术讨论中的比喻（生活即"生存

美学"；每个人都具备"成形的意愿"），我们可以说，无论在当下或是未来，艺术家都应成为变革的例外。如果艺术家一直都在颠覆传统（人类也一直在颠覆传统道德伦理），那么社会上就没有连贯存在的事物了，没有人会受限于任何框架的约束而去尽自己该尽的义务，生活也会变成一时冲动、心血来潮的尝鲜猎奇。庆幸的是，很多人都选择成为生活艺术展的"策展人"，根据人类统一的存在性主题举办了永恒的展览，并齐心协力地管控那些不守规矩的"艺术家"。尽管他们的管控行为受到广泛的学术抨击，但建立起具有一定稳定性的公平、公正、合理的制度体系，从而让整个社会的运转过程得以透明地呈现在公民面前，却正是这些"策展人"的合法职责。更值得称赞的是，有些人担当起了保管员的角色，保护和坚守那些已然存在的人性光辉。他们从短视的社会中抢救下真正的价值所在，我们应对这些人表达衷心的谢意。生活艺术的策展人和保管员——也即规则维护者、道德捍卫者（已经有人这么称呼他们了）——应该是未来社会真正需要的人才，他们理应因自己的努力获得高额报酬。即便他们不是众星捧月的艺术家或企业家，也不必为此而感到羞耻——因为事实上，正是他们共同努力，创造并维护了生活艺术的规则和框架（即道德伦理约束），而非时常冲破界限、打破常规，艺术的创新才得以实现。成为道德捍卫者本身就是一种生活艺术，人类的未来需要他们的支持。

- 让道德捍卫者重新成为合法正当的存在——社会在弘扬这一观念的同时，也应注重道德教育。懂得取舍应当成为一种常态，因为这是道德成熟的前提标志。无论是在家庭教育还是学校教育中，这种成熟的道德观都应是重点培育的目标。但现实中教育系统舍本逐末，过分地追求技能发展和自我优化提升，也因此紧盯 PISA[1] 和国家级考试

---

[1] The Program for International Student Assessment，国际学生评估项目，是 OECD 针对 15 岁学生阅读、数学、科学能力的评价研究项目。从 2000 年开始，每三年进行一次测评。——译者注

改革的一举一动以及它们测评的全部内容。然而教育体系最重要的职责不应当是培养有责任心的公民，让他们具备维护民主制度并使之长期有效运转的能力吗？

长期以来，学校奉行"应试高分"的教育原则，以迎合竞争型国家对"机会主义者"的需求——但以这种方式培养出来的"高分数人才"心智真的健全吗？他们会拥有高尚的品德和正义感吗？他们可以推动整个人类的进步与发展吗？不一定。所以我们需要将重点转回到道德和民主教育上。我们必须教会未来的公民去做正确的事——不是出于可能获利的目的，而仅仅是因为这件事是正确且合乎道义的。我们还应该教育他们，因延迟满足得到的"棉花糖"奖励是拿来分享的，不是拿来囤积秘藏的。所有懂得分享的孩子都理应受到奖励。我们必须认识到，"心常知足，乐于分享"是一种与机会主义截然相反的优良教养，它建立在适度和自我节制的美德基础上。而且只有秉持这些美德，人类才能解决本书开篇所述的危机，实现真正的可持续发展。

应当指出，这种道德修行并不会降低你学术研究的效率。或者说恰好相反，它赋予你深刻敏锐的洞察力，让你认识到世界是何其深远辽阔。它比个体的存在要宏大得多——这一点也是包括历史、数学在内等一系列学科想要传达的重点。

· 从广义上说，我们同样需要认识到运气在人类生活中扮演的角色。当今社会的主流思想认为，每个人都是自己命运的主人，只要有足够的动机与动力，我们可以实现任何理想，成为任何人。但实际上这种观念是有问题的：它所基于的哲学观追求永无止境的发展与优化；它表露出的个人主义倾向使得我们在事情出了差错时，只能责怪自己。

近些年来，不少国家和地区"迫使"民众对各类本不属于，或不一定属于其控制范围的事态负责——比如该国或该地区的失业率、贫困、疾病或其他社会问题，而全然不顾这些事项是否为政治体系变革或经济发展趋势所引发的必然结果。但如果我们在进行制度设计时能更多地基于一种平和团结的心态，即坦承人类的命运休戚与共，没有人能成为自己命运的主宰者，也许我们可以倡导建立起一个同心同德、齐心协力的社会共同体。这样的认知甚至有可能增强富裕阶层的节制意愿，因为某一天他们也可能成为意外或疾病的受害者，也会变得脆弱，需要他人帮助。

我们必须学会舍弃，这不是禁欲主义下无意义的练习，而是为了使所舍之物能为真正需要它的人所用，从而令整个社会使用最少的资源为全人类创造最大效益。我所居住的丹麦是一个高度平等且幸福指数位居全球榜首的国家。应该说，正是因为丹麦的顶层与底层阶级间、富人与穷人间的差距相对较小，它才得以成为世界上最和谐也最成功的国家之一。[15]

平等本身并不是目的，但事实证明，在全球发展日益失衡、贫富差距飞速扩大的今天，平等已然成为一种奢侈品。

• 理解时间的周期性和循环性，并在此基础上进行
反思和省察也是一个好主意。这么说可能有些抽
象。我们知道，那些追求"多点、多点、再多点"
的思维模式，其内里的时空观是无限的，就像一
条没有起点也没有终点的直线，只会单调地指示
你不要错过任何东西。我们每个人身上都背负着
沉重的期望：学海无边涯，进步无止境，我们应
永不停歇，终身学习。随之而来的便是没有穷尽
的优化要求：明年的你一定要比今年好。很多人
都深陷于"仓鼠转轮"或"享乐跑步机"的困窘
里不得脱身，也无法自拔——相应后果显而易见：
现代社会的压力、抑郁和焦虑指数直线飙升。

随着时间的流逝，我们对生命有了更深刻的理解，
它在宇宙这一浩瀚的幕布中穿梭交织，有起有落。
正如《传道书》（*Ecclesiastes*）所言：万事万物，
皆有其时。

也许我们需要再次承认，生活并不单纯取决于个
人的内在动机，诸如四季轮替、周期变化等外部
因素也会起到关键作用。经验丰富的保管员知道，

今年流行的东西可能明年就过时了，而旧的东西很快又会重新流行起来。克尔恺郭尔在《重复》（*Repetition*）[16] 一书中写道："我们不应该害怕重复。正是重复赋予了个人生活和集体生活以形式。没有循环的重复，生命将溶化成'空无一物的噪声'。"没有重复，就没有义务。重复是每日清晨起床，为孩子们准备外带的午餐；重复是去拜访老朋友，即便他们抑郁无趣。事实上，重复需要勇气——日复一日地坚持做相同事情的勇气——只因这件事是正确且合乎道义的。正如我在本书中主张的那样，重复也要求我们远离喧嚣，学会舍弃——包括建立潜在的令人兴奋的新关系。如果我们想和每个人做朋友，那么我们就不可能拥有真正的朋友。如果我们想专注做好一件事，那么我们就不应该掺和到所有事情中去。

在本书中，我将自我节制的艺术推崇为一种高尚的美德，并试图向读者证明，缺乏边界感且不知节制的发展文化，绝非培育这一美德的沃土。总而言之，我针对直接方法

（个人基于意志的约束抵御诱惑，做出舍弃）和间接方法（营造美学文化生态，赋予生命以形式）分别做了比较分析。哲学家马修·克劳福德曾谈到，发展文化的追求永无止境，造就了人类贪得无厌的需求；我们的注意力也因无处不在的诱惑而变得涣散消极。为了摆脱发展文化的梦魇，我们有必要团结协作、共同努力，营造一个"专注力的生态"。**17** 具体措施可细分到个人层面（就我们如何组织自己的生活而言）、组织层面（在我们的工作场所）和社会层面（与学校、社会制度、医院、退休金福利相关）予以实践。我们要做的不是仅仅凭个人意志力走下"享乐跑步机"，而是创造一个根本没有"享乐跑步机"的文化世界。要做到这一点，最好的方式就是借助仪式美学树立起人们内心的敬畏感、归属感与责任感。当然，我这个理论观点尚未成熟，需要进一步讨论充实。尽管如此，我认为共同塑造我们的生活可以遏制发展文化的野蛮扩张。要知道，在过去的半个世纪中，发展文化正在持续加速，并导致了对自我实现的无度追求和压力焦虑的迅速蔓延。

我希望这本书中的观点可以鼓励大家就"舍弃"这一问题进行建设性的讨论，并重视起"适度"这一大致原则。我也希望这本书能成为一切极端主义形式的有力制衡。那些喜欢钻研悖论的人也许会将个中矛盾视作"极端的适度"呢！

后记

本书探讨的是自我节制的艺术和适当舍弃的价值。我认为，从集体层面上说，所有国家——特别是先进发达国家，如果想要更好地解决当前和未来要面对的危机，那么掌握好这门艺术是必不可少的。同时，站在个人角度而言，比起什么都想要拥有的欲望，恰当的将就与妥协会更具意义。本书推崇的生活方式正是源于被某些人视为过时的传统哲学思想——张弛有度，物壮则老。相较我的前两本书——《清醒：摆脱工具主义，活出真实自我》和《生命的立场：如何活出人生的意义》，这本书将会继续聚焦时下渐趋热议的基本伦理和人类存在性主题，并在此基础上增加政治维度的探讨。《清醒》批判的是对个体发展的过分追求，《生命的立场》则尝试分辨那些值得我们坚守与维护的基本道德价值观，而在本书中，我探寻的是一种生活方式。它能将整个社会凝聚起来，共同关注这些正面的价值观。因此，这三本书结合起来阅读效果会更好。如果要专注于某事并且坚定不移，你就有必要对其他事情"断舍离"。这么做并不容易，但对于寻得人类存在性意义、彰显道德伦理价值以及保持心理健康而言非常必要。

前言　我想拥有一切

1.　See Harry Wolcott, *Writing Up Qualitative Research*, 3rd edn, Sage, 2009.

第一章　可持续发展的社会

1.　As analysed in my book *Stand Firm: Resisting the Self-Improvement Craze*, Polity, 2017.

2.　Ove Kaj Pedersen, *Konkurrencestaten* (The Competitive State), Hans Reitzel, 2011.

3.　Jørgen Steen Nielsen, 'Velkommen til antropocæn' (Welcome to the Anthropocene Epoch), *Information*, 27 June 2011, https://www.information.dk/udland/2011/06/velkommen-antropocaen.

4.　Elizabeth Kolbert, *The Sixth Extinction: An Unnatural History*, Bloomsbury, 2014. Arne Johan Vetlesen and Rasmus Willig summarise many of the most alarming problems in their upcoming book *Hvad skal vi svare?* (What's the Answer?). I would like to thank the authors for allowing me to read it in advance of publication.

5.　See this article, for example: https://www.theguardian.com/environment/2018/apr/26/were-doomed-mayer-hillman-on-the-climate-reality-no-one-else-willdare-mention.

6. Jason Hickel, *The Divide: A Brief Guide to Global Inequality and its Solutions*, William Heinesen, 2017.

7. Richard Wilkinson and Kate Pickett, *The Spirit Level: Why Equality is Better for Everyone*, Penguin, 2009.

8. See http: http://www.oecd.org/social/inequality.htm.

9. Paul Mason, *Postcapitalism: A Guide to Our Future*, Penguin, 2016.

10. Ibid.

11. Hartmut Rosa, *Social Acceleration: A New Theory of Modernity*, Columbia University Press, 2015.

12. Zygmunt Bauman, *Liquid Modernity*, Polity, 2000.

13. I covered this in *Stand Firm*.

14. See Anders Petersen, *Præstationssamfundet* (The Performance Society), Hans Reitzel, 2016.

15. For example, in his classic *Risk Society*, Sage, 1992.

16. Robert Goodin, *On Settling*, Princeton University Press, 2012.

17. Among its defenders was the seventeenth-century legal philosopher Hugo Grotius.

18. Benjamin Barber, *Consumed: How Markets Corrupt Children, Infantilize Adults, and Swallow Citizens Whole*, Norton, 2007.

19. Other concepts seem to have supplanted 'simple living', e.g. the 'slow living' movement, which can be seen as a resistance to the social acceleration identified by Hartmut Rosa and others.

20. Jerome Segal, *Graceful Simplicity: The Philosophy and Politics of the Alternative American Dream*, University of California Press, 2006.

21. See https://yougov.co.uk/news/2015/08/12/british-jobs-meaningless.

22. See http://evonomics.com/why-capitalism-creates-pointless-jobs-david-graeber.

23. This was the theme of my book *Standpoints: 10 Old Ideas in a New World*, Polity, 2018.

第二章 向善

1. The idea of finiteness as an existential condition for human values is covered in *Standpoints*.

2. Knud Ejler Løgstrup, *Den etiske fordring* (The Ethical Demand), Gyldendal, 1956, p. 19.

3. Sennett writes about this in *The Fall of Public Man*, Penguin, 1977.

4. See http://www.naturalthinker.net/trl/texts/Kierkegaard, Soren/PurityofHeart/showchapter4.html.

5. Ibid.

6. Søren Kierkegaard, *Upbuilding Discourses in Various Spirits*, edited and translated by Howard V. Hong and Edna H. Hong, Princeton University Press, 2009, p. 38.

7. Ibid., p. 39.

8. This was a major theme in my book *Standpoints*.

9. Kierkegaard, *Upbuilding Discourses in Various Spirits*, pp. 51-2.

10. H. Gollwitzer, K. Kuhn and R. Schneider (eds), *Dying We Live*, Fontana, 1976.

11. I also analysed this in *Standpoints*.

12. Published in the essay collection of the same name: Harry G. Frankfurt, *The Importance of What We Care About*, Cambridge University Press, 1998.

13. Lise Gormsen, 'Doktor, hvordan skal jeg leve mit liv?', in C. Eriksen (ed.), *Det meningsfulde liv*, Aarhus Universitetsforlag, 2003.

14. In this book, I use the words ethics and *morality* synonymously. The former is Greek, the latter Latin. In the original meaning of ethical, caring for roses in the garden would actually have ethical significance, as the term refers to the entire form a life takes. Aristotle would probably have used the term in that way, but today the concepts of ethics and morality are narrower, with no consensus on the distinction between them.

15. Frankfurt, *The Importance of What We Care About*, p. 89.

16. Adam Phillips, *Missing Out: In Praise of the Unlived Life*, Farrar, Straus &

Giroux, 2012.

17. Ibid., p. xv.

18. Max Weber, *The Protestant Ethic and the Spirit of Capitalism*, George Allen & Unwin, 1930.

第三章 节制的价值

1. See Chapter 2, note 14, for discussion of the terms 'ethical' and 'moral'.

2. One classic article is Daniel Kahneman, Jack L. Knetsch and Richard H. Thaler, 'Fairness and the Assumptions of Economics', *Journal of Business 59* (1986), S285–S300.

3. The results of Engel's study are available at: https://www.coll.mpg.de/pdf_dat/2010_07online.pdf.

4. Donald Winnicott, 'The Theory of the Parent-Infant Relationship', *International Journal of Psychoanalysis* 41 (1960), 585-95.

5. The concept of passive nihilism is taken from the philosopher Simon Critchley. See his book *Infinitely Demanding: Ethics of Commitment, Politics of Resistance*, Verso, 2007.

6. The following is based on Søren Kierkegaard, *Lilien paa Marken og Fuglen under Himlen: Tre gudelige Taler* (The Lily of the Field and the Bird of the Air: Three Devotional Speeches), 1849.

7. Ibid.

8. Karl Ove Knausgård, *Spring*, translated by Ingvild Burkey, Harvill Secker, 2018.

9. Kierkegaard, *Lilien paa Marken og Fuglen under Himlen*.

10. I would also refer to Anne-Marie Christensen's excellent book *Moderne dydsetik—arven fra Aristoteles* (Modern Virtue Ethics—the Legacy of Aristotle), Aarhus University Press, 2008.

11. Harry Clor, *On Moderation: Defending an Ancient Virtue in a Modern World*,

Baylor University Press, 2008.

12. Ibid., p. 10. Since Clor wrote those words, his country has elected Donald Trump as president, and no matter what you might think about that, it is clear that Trump represents the exact opposite, i.e. confrontational and inflammatory rhetoric ('lock her up!').

13. Paul Ricoeur, *Oneself as Another*, University of Chicago Press, 1992.

14. I analysed this in my book *Identitet: Udfordringer i forbrugersamfundet* (Identity: Challenges in the Consumer Society), Klim, 2008.

15. Kenneth Gergen, *Realities and Relationships*, Harvard University Press, 1994, p. 249.

16. Goodin, *On Settling*, p. 64.

第四章　棉花糖与跑步机

1. Walter Mischel, *The Marshmallow Test: Understanding Self-control and How to Master It*, Transworld Publishers, 2015.

2. The experiment and its reception history are scrutinised in Ole Jacob Madsen, *'Det er innover vi må gå'. En kulturpsykologisk studie av selvhjelp* ('We Must Turn Inwards': A Cultural Psychological Study of Self-help), Universitetsforlaget, 2014.

3. Alan Buckingham, 'Doing Better, Feeling Scared: Health Statistics and the Culture of Fear'. In D. Wainwright (ed.), *A Sociology of Health*, Sage, 2008.

4. Celeste Kidd et al., 'Rational Snacking: Young Children's Decision-making on the Marshmallow Task is Moderated by Beliefs About Environmental Reliability', *Cognition* 126:1 (2013), 109-14. A more detailed discussion can be found in Madsen, *'Det er innover vi må gå'. En kultur psykologisk studie av selvhjelp.*

5. This was one of the main points in my book *Stand Firm*, which criticised the tendency to individualise whatever problems people might have and subject

them to a psychological perspective.

6. I argued words to this effect in the book *Standpoints*.

7. Pedersen, *Konkurrencestaten*, p. 190.

8. William Davies, *The Happiness Industry: How the Government and Big Business Sold Us Well-Being*, Verso, 2015.

9. Shane Frederick and George Loewenstein, 'Hedonic Adaptation'. In D. Kahneman, E. Diener and N. Schwarz (eds), *Well-Being: The Foundations of Hedonic Psychology*, Russell Sage Foundation, 1999, p. 302.

10. Ibid., p. 313.

11. Quoted from http://www.gutenberg.org/files/1672/1672-h/1672-h.htm.

12. Julie Norem, *The Positive Power of Negative Thinking*, Basic Books, 2001.

13. The following was printed in a different form in an opinion piece in the newspaper *Politiken*: http://politiken.dk/debat/debatindlaeg/art5856925/Det-er-den-positive-t%C3%A6nkning-der-har-l%C3%A6rt-Trump-at-han-bare-kan-skabe-sin-egen-virkelighed.

14. Barry Schwartz, *The Paradox of Choice: Why More is Less*, HarperCollins, 2004.

15. Adam Alter, *Irresistible: Why We Can't Stop Checking, Scrolling, Clicking and Watching*, The Bodley Head, 2017. The following recycles passages from a piece I wrote in *Politiken*: http://politiken.dk/kultur/art5935742/Mindst-hvert-femte-minut-m%C3%A6rker-jeg-en-trang-til-at-tjekke-min-smartphone.

16. See Naomi S. Baron, *Words Onscreen: The Fate of Reading in a Digital World*, Oxford University Press, 2015.

第五章　舍弃的快乐

1. This has been a major theme in my colleague Lene Tanggaard's work on creativity, which I find most inspiring.

2. In the Rosenkjær series *Det meningsfulde liv* (The Meaningful Life), first

broadcast on 27 September 2016.

3. See, e.g., Jørgen Leth, 'Tilfældets gifts: En filmisk poetik' (The Gifts of Chance: A Cinematic Poetry), *Kritik* (2006), 2-10; 以及 Jonathan Wichmann, *Leth og kedsomheden* (Leth and Boredom), Information Publishing, 2007.

4. Michel Foucault, 'On the Genealogy of Ethics: An Overview of Work in Progress'. In Paul Rabinow (ed.), *The Foucault Reader*, Penguin, 1984.

5. Schwartz, *The Paradox of Choice*.

6. Ibid, p. 229.

7. Mary Douglas, *Purity and Danger*, Routledge & Kegan Paul, 1966, p. 128.

8. Anthony Giddens, *Modernity and Self-identity: Self and Society in the Late Modern Age*, Polity Press, 1991. See also my analysis of his work in my 2008 book *Identitet: Udfordringer i forbrugersamfundet*, from which some of these passages are taken.

9. Giddens, *Modernity and Self-identity*, p. 204.

10. Anthony Holiday, *Moral Powers: Normative Necessity in Language and History*, Routledge, 1988.

11. Simone Weil, *The Need for Roots*, Routledge, 2002 (originally published 1949).

12. The following is based on an opinion piece originally published in *Politiken*: http://politiken.dk/kultur/art5973426/Nej-tak-Hella-Joof-hvorfor-i-alverden-skal-vi-disrupte-vores-liv.

13. See http://politiken.dk/indland/uddannelse/studieliv/art5961892/Fremtidens-seks-typer-%E2%80%93-som-vi-skal-uddanne-os-til-hele-livet.

14. Bullshit bingo is a parody in which instead of numbers, you tick off some of today's empty clichés and buzzwords ('disruption', 'innovation', etc.). When a middle manager or consultant uses these words, you cross them off one at a time, and shout 'House!' when your card is full. The purpose of the game is to deconstruct cliché-ridden presentations.

15. See Wilkinson and Pickett, *The Spirit Level: Why Equality is Better for Everyone*.

16. See Søren Kierkegaard, *Fear and Trembling* and *Repetition*, edited and translated by Howard V. Hong and Edna H. Hong, Princeton University Press, 1983.

17. Matthew B. Crawford, *The World Beyond Your Head: On Becoming an Individual in an Age of Distraction*, Farrar, Straus and Giroux, 2015.